海外勤務が決まったらすぐ読む本

グローバルビジネスコンサルタント
白藤 香
Kaori Shirafuji

あさ出版

はじめに　――いまや海外勤務は、準備があれば学びの宝庫

海外勤務で力を発揮するには、専門的な「準備」と「仕込み」が必要である。たった1～2年の赴任期間では、海外での仕事の不満ばかりを抱え、残念な状態での帰国が増えている様子がSNSの書込みからもうかがえる。また海外に出たとしても、日本人ばかりのコミュニティで勤務し、現地のビジネスの深さがまったくわからないまま、帰国しているケースもある。

海外勤務の成果がなかなか見えてこない状況が増えている。

近年では、収益を上げられる即戦力が求められている。そのためには時間軸に沿って準備のための計画を立て、様々なインプットや勉強が事前に必要になる。本書ではビジネスパーソンを対象に、どのような準備をすると海外勤務の機会を獲得し成功できるのか、その対策のための情報を提供していきたい。

自分のキャリアプランとして、海外勤務の機会を獲得できれば将来ステップアップするための大きなアドバンテージになることは間違いないだろう。

海外勤務は慣れ親しんだ国内市場や職場を離れ、すべてが新しいものとの出会いになる。その体験を心から楽しむことができれば、自分を大きく成長させることにつながる。

現在、著者はグローバルビジネスコンサルタントとして40カ国とのネットワークがある。14業種にわたる日本の上場企業と直接契約をし、海外市場における新事業・市場開発、人事戦略立案に携わっている。

地方都市の公立の小・中・高校で教育を受け、地方大学出身という経歴であるが、最初から海外勤務ができるあらゆる可能性を模索してきた。学生時代は、毎年の春休みに海外旅行をするためにアルバイトをして資金を貯め、週3回、夜は英会話の学校に通いながら、個人の海外旅行を通してグローバルな体験を積み重ねていった。

初めてのシンガポールの一人旅では、急な飛行機のキャンセルを経験し、心臓が飛び出るほどのショックを受けたこともある。流暢ではない英語を使い、必死にエアラインの職員とエンドース（他社便への振り替えの交渉）を行い、帰国のチケットを手に入れた。

東南アジアの旅では陸路での国境通過の際にビザの有無でハラハラしたり、つたない英語表現でアメリカ人を激怒させたこともある。香港の露天商にトラブルを吹っかけられたり、リアルで辛いグローバルな体験を数多く重ねてきた。

卒業後は就業先の社長に不幸があり即転職。中途採用扱いで外資系企業に採用され、英語を使う貿易の仕事に就いた。90年代以降は製造業で海外出張を経験し、長期の海外プロジェクトのメンバーに参画する機会を得るなど、グローバルビジネスに携わるチャンスを積極的に探し、自己キャリアの成長につなげてきた。

それまで海外勤務といえば一部のエリートしかチャンスがなかったが、私はそれとは違うルートで自らチャレンジし、その機会を獲得して生きのびてきた。

これからの日本人にとってグローバルビジネスの仕事を担うことや海外勤務は当たり前のものとなり、誰もが国内での仕事と同じように収益に貢献することが期待されている。仮に最初に失敗したとしても、事前の準備とビジネスの継続的な学習スタイルを身につければ、海外勤務はいつでも巻き返しが可能である。最初の勤務時の自分と数年後の自分を比較すれば自己の成長がわかりやすく、やりがいのある仕事と言えるだろう。

海外勤務を目指す人にとっては、夢と野心が必要だと言ったが、未知の新しい社会の仕組みのなかで、新参者の自分がどう生きていけばよいか、またどのように道を切り開いていけばよいか、さらにどのようにして成功の道筋を描いていけばよいのかという不安は常に抱えているだろう。

本書では、いかなる人でも努力を重ねることで土台となる基礎的な準備を行い、海外勤務のチャンスを獲得し、成功の道筋を切り開くことができるようになるために、具体的かつわかりやすく解説していきたい。

2016年8月吉日

白藤　香

第1章 海外勤務の機会を獲得する条件

第4章 語学力を確実にアップさせる秘訣

第5章 海外でしっかり成功できる「自己・組織のマネジメント」

第6章

効率的にきちんと進める「仕事・リスクのマネジメント」

第7章 グローバルで通用する「個人力」を磨く

第8章

不可欠な業界・職種・地域別能力を身につける

第1章

海外勤務の機会を獲得する条件

LET'S CHALLENGE! DO YOUR BEST

1 海外勤務は選ばれた者だけが実現できる

〜海外仕様の思考が身についていると大きなアドバンテージに。

かつては憧れの的だった

日本では、長い間「海外勤務をするためには、まず語学力が大事」と、思われてきた。そのためグローバルビジネスに携わる人はステータスが高い存在とみられている。

実際に90年代から、国内の大手企業では海外勤務者の選定条件として語学力があり、英語が苦手なために在職中に海外勤務が実現しなかった、もしくはチャンスに恵まれないまま退職した人を多数知っている。

社長をしていたある人物は引退後、他社の海外法人経営者として海外勤務の機会を得た。彼は着任地からうれしそうに電話で「ずっと海外勤務がしたかったんだけど、できなかったんだよ。やっと新卒からの夢がかなった」と、声はずませて話してくれたことを思い出す。海外勤務とは、当時のビジネスパーソンにとってそれほど熱烈な憧れの的だったのである。

ノウハウ継承が途切れた2000年代

ところが2000年代に入ると、製造業の海外法人は一度閉鎖されてしまい、国内回帰が盛んになった。その結果、海外赴任は不人気となり、積極的に出ていきたいと思う人が少なくなった。

そのため90年代に培った海外勤務のノウハウや市場展開手法などは引き継がれることがなく、2000年代初頭にその系譜が途絶えてしまった。ほとんどの企業で一度「海外人材」というカテゴリーが消滅してしまったのである。

そんな日本企業の海外勤務の歴史を振り返りながら、90年代製造業の海外展開第一期生としてのノウハウを土台に、著者のその後、十数年の海外企業での勤務経験や、独立後グローバル市場で培った学びやエッセンスを次世代に引き継いでもらいたいと考えている。

当時の海外勤務を振り返った記事や書籍がいくつかある。日産自動車元会長の故・塙義一氏は、「アメリカ勤務をしてみたら、現地のマネジメントのレベルの高さに圧倒された」と「レジェンド」という同社のWEB記事に記している。また日立製作所元会長の川村隆氏も「今の大学が、意思決定力と問題解決力のある人材を育てられているかというと疑問です」と述べ、グローバルに活躍できる人材教育の強化の必要性を訴えている（『ザ・ラストマン』カドカワ）。

1990年代とは大きく様変わりしたグローバル市場の現状

現在のグローバル市場は大きく様変わりしている。不思議に思うかもしれないが、現在の日本企業が展開しているグローバルエリアは90年代よりも縮小しているのだ。各産業の海外の競合他社も大きくメンバーチェンジしている。新興国の地元企業が増えると同時に、いち早く進出した先進国の企業はM&Aなどによって逆に少なくなっている。

また、ニッチな領域では強みを持つベンチャー企業が多数台頭し、イーロン・マスクのように電気自動車と宇宙ロケットの製造業にまで業容を拡大し、グローバル市場や投資家を動かす事業主まで登場している。

今後は、アフリカなど新しい地域へのさらなる進出や新しい産業の海外展開など、新たなビジネスモデルによるグローバル市場の再構築などが行われる予定だ。グローバル市場は間違いなく大きな転換点を迎えている。そして人材面では、今後もグローバルビジネスの展開が強化・加速されるにしたがい、以前よりも数多くの日本人が国内と同じように海外勤務をする状況が訪れることだろう。

そのためにも、国内勤務での成果が問われると同様に海外勤務をこなす能力が求められてくる。

海外勤務では海外仕様の思考法が必要

本書では、海外勤務を効率よく遂行するためにはどうすればよいのかという点を第一に重視している。そのためには初めに「海外仕様の思考」とは何か、それを身につけることが大事だと考えている。

最初は英語の使い方である。海外に行った人は、日本人が話す英語は、英語そのものが伝わらないという経験をお持ちではないだろうか。日本人のなかには日本語をそのまま外国語に翻訳して伝えようとする人がいるが、それでは意図が伝わらないのである。なぜだろうか。それは主語、目的語、述語という言葉の並びの順番や、遠まわしに伝えて印象がキックならないようにしようとする日本人の気遣いが言葉表現にも反映されているからである。

たとえば次のようなケースである。

「She looks angry.」　彼女は、怒っているように見える。

「No, She is truly angry.」　違うよ、彼女は心底、怒っているんです。

「Do you want to go forward ?」（鉢合わせになった場面で）　前方に行きたいですか？

「No,・・・」　だけだと、意味が不明。

「No, Go ahead, Please」「（お先におすすみください。どうぞ）」と言うと通じる。

英語で表現する場合ははっきりと明確に伝えなければ、相手に意図が伝わらない。

こんな感じだから外国人には何を言いたいのかが十分に伝わらない。よく会話のなかで

「Say Again」

「What do you mean?」

と聞き返されることが頻繁に起こってしまう。最初は英語が不十分なのかと思って英語の勉強をしようとするが、やがて、それは言葉が原因ではないということがわかってくる。

日本とは異なる「思考の順番」がカギを握る

つまり、思考の組み立てとシナリオの伝え方が、彼らの思考の順番とは異なっている、話すシナリオの筋道が違っていることが原因だとわかるだろう。相手の言葉の表現を忠実に訳して聞くと、日本語での伝達シナリオとの違いに気づき、どういう順番でどんな表現をすると彼らの思考と同じになるかをまず考えるようになる。

そこで彼らの思考の順番に沿って、言葉の伝達も行うと、ほぼ100％言いたいことが伝達できるようになり、最後まで全部話さなくても途中で意図を理解してもらえるようになるだろう。

「OK, I understood you enough…」

この順番で話すと外国人とも意思の疎通が以心伝心で図れるようになる。こうなれば日本人同士と同じだ。「なんだ、言い回しが原因なのか」と、そう腑に落ちると、どのような順番で話を伝えれば、完璧に伝達できるようになるかを先に考えるようになる。「こういう言い方をすると遠まわしすぎるし、単刀直入すぎるとキツい印象になってしまう、いずれにしても冒頭で何をしたいのかを最初に伝えることがコツ」とわかり、目的から最初に話すようにする。すると「What do you want to do?」「(じゃあ、何をしたいのですか)」と即、方法論についての意見交換をすることができるようになる。

そこまでできるようになれば、あとは平素の事柄やプロセスを論理的に伝える段取りを考える。営業をする場合は、外部の第三者に自社の製品の良いところをわかりやすく伝えるシナリオを考えるようになる。そうしてだんだん海外仕様の思考法に慣れてくると、外国語を話す時と同じように考えを組み立て直す習慣が身につき、母国語である日本語での意図を的確に伝達できるようになるだろう。

最初から、海外仕様の思考が身についていると、グローバルビジネスでは優位に伝達ができるため、現地の人々と同じく行動をすることができるようになる。もちろん、グローバルビジネスの機会を獲得する際は、海外式の論理思考が得意であると、アドバンテージになることはいうまでもない。

2 語学よりも「専門知識の習得」が必要不可欠

～最初にすべきことでステージアップするためのパスポート。

専門分野の知識を獲得することが先決

海外仕様の思考法を理解したら、その次は未知の市場を分析する力、やりたいことを現地の人に的確に伝達する力を養うために、「経営学」の勉強をすることを勧めたい。

グローバルビジネスでは、理論となる軸を習得し、未知なる市場や現場の仮説を立てて想定しながら分析し、期待される効果を予測する力を身につけることが最重視されている。

ここが最も大事なところであり、じつは外国語の習得などその次でよいのだ。

その理由はビジネスの成否が関わっているからである。グローバルビジネスでの失敗はリスクが極めて高い。エネルギー投資で失敗すると、数千億円の損失になる。リスクを回避するためには何が必要か。「経済学」の基本的知識が役に立つのだ。

マクロ経済の状況、政府や各中央銀行が行う経済政策の理解、それに伴う為替市場の動向の読み解き、そして各事業が受ける影響などを考慮しながら、ビジネスの中止や転換などを正しい方向で即決しなければならないからだ。

日本国内では、これまで培った知見を通して市場を予測することが可能だろう。だが、海外ではよりその国・地域の文化に特化した知見を持ち、専門的な理論に基づいた推論ができれば、観察した状況を分析し、「市場では何が起こっているのか」を予測し判断することができるようになる。つまり、海外赴任をすると、誰もが観察や推定する能力が日常的に必要になってくる。

「観察からの洞察力」が求められる

たとえば、インドのニューデリーで陸橋の路肩を家族連れと思しき人々が10人ほど縦列に歩いていたとしよう。日本人はそれを見て「交通事故か、自動車が故障したのかな」と考える人も多いのではないだろうか。

しかし、現地の人は「単に路肩に車を止めて、家族で買い物に降りてきただけだろう」とわかるのだ。なぜなら、現地の日曜日は道路が混雑しているため、駐車する場所を見つけるのに一苦労する。そのため陸橋の上に車を止めて歩くというアイデアは、いわば「穴場」に等しい賢い発想だと解釈するのだ。

また世界各地の観光地では、日本と同様に中国人の爆買いが目につく。米国やＥＵの人は「旅行に来て、たくさん買い物をしている」と思うだろう。だが、同じ中国の人は「仕入れのために海外に来て、たくさん買いつけをしている商人が大勢いる」と推測するのだ。

これは現地の市場の状況や消費者物価がどうなのかについてわかっているからである。だからどういう目的で海外に来て大量の買い物をしているのかがすぐにわかるのである。

「マーケティングの知識」を活用する

グローバルビジネスでは、為替の変動が大きなリスクになる。そのため経済動向を読んでドルが円に対して高くなる場合は、早めにドルを円に換えておいたほうが円をたくさんもらえることになる。

先々のマーケットを読んで、様々な対策を打つことは海外では重要である。

同じ航空券を買うにしても数万円は違ってくるし、為替情報は常に目配りをして動向を予測する必要が出てくる。その点、マクロ経済学の知識は、お金そのものの管理や円建て収益増減管理に役立つ。

経営学の各分野の専門知識は、市場を理解することやマネジメントを行う際など、現場で実践する際に非常に役に立つ。ところが、日本ではマーケティングを履修している人材が少ない。そのため、海外の市場開拓で苦労する人が多い。一方、コカ・コーラなど飲料業界やコーセーなど化粧品業界など小売業の経営者のなかには、マーケティング専攻の人材が多数いる。マーケティングに通じていれば海外市場を分析するにしてもデータさえあれば、国内にいても分析が可能であり、新たな戦略を考え、現地に対して指示することができる。

また最近はビッグデータの解析などで統計学が着目されている。もともとマーケティングを専門とする人材には社会学を専攻した人が多い。この分野では調査設計から統計学の複数の分析手法を実務に即した形で学ぶことができ、アドバンテージになる。その有用性については本章後半部分と5章でふれたい。

「法律の知識」も押さえておく

海外との取引の契約文書には、細かくリスクヘッジがされていなければならない。その点、法学の専門知識は、商社などで売買を中心に活躍する場合は大いに役立つ。トラブルが発生した場合は契約事項の一つ一つの文言が書かれているか否かで、損害賠償請求の金額は大きく変わる。

また労務管理や労働法の知識があれば、人権問題や従業員の処遇においてもトラブルを防止し、上手に人事管理を遂行することができる。

財務会計や税務の専門知識も重要だ。言語が変わっても損益の管理、貸借の管理は世界中で共通している。専門用語の意味と理屈がわかればお金の管理はできる。税務の考え方も項目の考え方は同じである。現地の細かな法律は税理士に相談すると、国や州や市という行政単位の運用と構造は同じなので、あとは%など徴収率が高いか安いかに気を配ればよいだろう。

「心理学の知識」は組織マネジメントに役立つ

それ以外に心理学の専門知識も役に立つ。人の心を推測して、トラブルにならないような方向で調整する。相手の喜怒哀楽に応じて、どのように感情を治めて、理論的な道筋で正しくことを収束させるかはその人の手腕である。組織マネジメントや人的なトラブル処理、メンタルヘルス不調者への対応が上手にこなせるようになる。多くの人をマネジメントするリーダーにとっては心理学の知識は大いに役立つ。

【90年代企業モデル、長期勤務企業での経営者養成所の内側】

90年代、ルーセントテクノロジーズでは、長期勤務の育成をとおして多数のプロ経営者を他業界他社に輩出していた。その人材育成の過程を分析してみると、経営学修士の他に、大勢の人間をマネジメントしたり、株主など多様な人々を相手にしなければならないため、合わせて心理学も履習させている。

元ヒューレット・パッカードのCEOで共和党の大統領候補にも立候補したカーリー・フィオリーナも同様の経営選抜人材で、米国政府担当の営業を経て成功を収め、その後MIT修士課程で社会心理学を学んで大勢の集団を上手に取り扱えるようになってから、大企業の経営者となり、更には社会のリーダーをめざすという流れで、キャリアディベロップメントを築き上げている。

「意思決定できる能力」が日本と海外で違う

海外で仕事をしていると、世界の大手企業や同業界のトップ企業の動きはすこぶる速い。たとえば新年度のマクロ経済動向を素早く先読みし、部長クラスが市場の撤退や仕切り直しを即決し、損失から身を守る手段を講じることもある。経営役員ではない部門のリーダークラスが経済リスク回避行動や次なるビジネス戦略を立案し、行動に結びつける速さには舌を巻く。

実際に2015年の原油価格が下落する半年前から市場低迷を予測していた世界のトップ企業の担当者は多い。米国テキサス州のオイル業界関連企業の従業員やマネジメントは撤退準備を進めていた。しかもその後のキャリアの転換を下落半年前から行っていたのには驚いた。ほとんどの欧米の大手企業では、2015年の1月から、アジアや中国から先進国市場へとシフトしていたのである。このように海外企業の多くでは、事業計画変更の裁量権はシニアマネジメントに権限移譲されているために現場対応が素早いという特徴を持つ。

他方、日本企業の動きはどうなっていたか。報道を見る限り、大手商社は撤退するどころか更なる投資を続けていたのである。いったいどうなっているのだろうと帰国してみると、どのメーカーもこれから経済状況が悪化するとされているＡＳＥＡＮや中国地域で引き続きペースを落とさず熱心に営業を行い、頻繁に海外出張をしながら困難な市場開拓を続けていたのだ。

メーカーの担当者に「なぜ、景気後退が始まっているのに、相変わらず、落ち込む市場で海外営業を続けているんですか」と尋ねたところ、「事業計画で決まっているので、勝手に計画変更ができないんです」という答えだった。

多くの日本企業では、勝手に年次事業計画の中身は変えられない不便が現場には存在する。そのため、期末で大きな損失を出すまではストップができないという不都合を引き起こす。こんな事象に遭遇すると、日本企業が経営学や経済学などの専門知識を有する経営人材を配置し、彼らにグローバル市場の状況に則した「意思決定権」を与えれば、素早く回避行動を起こし、被害の損失をかなり減らすことができたはずと残念に思えてしかたがない。

第2章

グローバルで評価されるキャリアプランを構築する

CREATE YOUR OWN WAY TO BE PROFESSIONAL!

1 専門分野を武器にして立てる
〜語学力に加えて体系的な学問・理論を習得しよう。

大学院で経営学を勉強する

日本企業のグローバルビジネスにおいては、経営や経済の専門知識を有する専門人材の戦略的な育成と配置が急務になっている。ところが国内の専門大学院教育を見ると、不思議なことにこの分野の履修生が伸びていないのである。

これから海外勤務を目指す人やキャリアアップを図ろうとする人は、大学院で経営学を勉強することをお勧めしたい。できれば学位を得て、専門知識を生かした業務の機会を獲得できればその実現性が高まるだろう。経営学における財務会計や人事マネジメントなど組織学、心理学の履修も大いに役に立つことは間違いない。

金融系専門職や経営職に就きたい人であれば経済学の専門知識もかなり役に立つ。グローバルビジネスでは統計学の知識があればマーケティング職に就きやすくなる。その他、国際文化比較分野を専攻する人は、語学力を生かしてコミュニケーション職等でグローバルビジネスにおいて活躍する道も開かれる。

このように専門分野を勉強していると、様々な分野での考え方や見方、複数の軸での分析が可能となるため、多様な視点からの的確な判断を引き出すための能力を得ることができ、企業内で独自性を発揮することができるようになるだろう。

経営学修士（ＭＢＡ）の持つ力はますます生きてくる

国内では経営学修士（ＭＢＡ）を取ったのに社内での評価が低い、キャリアの役に立たないという話をよく聞くことがある。本当にそうだろうか。

もちろん、学位はあくまで学習の証明であり、その能力を使いこなして何を達成したかということの実績づくりのほうが重要なのは言うまでもない。90年代に海外で活躍した経営者のなかには、事前の経営ノウハウや理論が備わっていなかったが苦労してビジネスチャンスを獲得した人もいる。そういう人たちに対する過大な評価が、専門分野を学ぶことの重要性を低下させている面があるように思う。

しかし、今の時代は違う。専門分野の知識がなくても根性とやる気があればなんとかなるというのは幻想に過ぎない。それほどグローバルビジネスのスキルレベルは格段に上がっているのだ。

たとえば楽天の三木谷浩史社長のように、日々の従業員へのスピーチは、常に経営理論に沿ったものであり、朝礼を聞くだけで学習できる体制になっている。また、グロービスを立ち上げた堀義人会長はMBAそのものの教育をビジネスにした草分けであるが、企業がこぞって社員を派遣するなど社会人大学院として人気が高い。経営学修士課程修了の経営者の活躍は、日本でも普通のものになりつつあるといってよいだろう。

また、数学の基礎知識があると、仕事の幅が広がる。直接ビジネスには関係がないし、お金儲けとは縁遠いように思うかもしれない。だが、経済学を勉強するにも数字を使った技術解析が理解できるようになるなど、ビジネスでの利用価値が高いだろう。注目されているビッグデータの解析においても数学的な知識と分析が求められる統計学では必須であり、専門的な領域で力を発揮できる。

それだけではない。数学の知識があると、開発設計など技術分野の理解ができるようになるため、技術のわかるビジネスプランナーなど経営戦略職としても活躍が期待できるだろう。

技術職には意外なキャリア展開がある

では技術職の場合はどうだろうか。近年では新たな職種の道が広がっている。日本国内の労働市場では技術の学位取得者はそのまま技術職に就くのが普通であるが、グローバル市場ではマーケティング職や営業職に就くことが多いのである。なぜなら技術職にも高収入を得ている人がいるが、マーケティングや営業職は更にインセンティブが大きく、成果が上げられた分だけ報酬がたくさん獲得できるからである。

一つの専門分野の学位を持って、更に経営学を習得し、ビジネス全体もわかるようになると、職域を得られる幅が広くなる。技術、経営、加えて英語など外国語ができれば、ほぼ100％グローバル市場関係でエリート採用になる確率が高いだろう。それほど英語のわかる技術職の日本人が少なく、営業職やマーケティング職との兼務ができる人材は常時不足しているからである。

日本ではMOT（技術経営）という工学部系の経営学があるが、これを技術者が履修すると手っ取り早いだろう。あとは企業内で原価計算の業務に携わり、営業やマーケティング職で現場実践を積み上げると経営マネジメント職への道に近づける。とくに海外の経営者を見ると、技術職の学位を持った人が経営管理の修士課程で勉強し、学位取得後に営業職やマーケティング職で成功した人材が経営者に登用されているケースが多い。

【起業もできる実務系ドクター、研究員のキャリア成功事例】

90年代に米国大手企業で有名なベル、パロアルト、ワトソンなどの研究所勤務をしていたアジア系高学歴技術人材の活躍を紹介したい。台湾やインドなど政府からの要請で帰国し、米国の中国系ハイテク経営者やシリコンバレーのインド系経営者などとの深い人脈を生かして、帰国後自身もハイテク企業を立ち上げた。

その一つが台湾のASUSであり、現在は自社ブランドでグローバル市場に端末を供給し、日本や欧米のPCメーカー市場を獲得し、現在は端末製造販売のメジャー企業としてグローバル市場で成功を収めている。全員がエンジニア出身でかつMBAで経営学の理論も習得している。

語学の習得レベルはキャリアレベルに合わせる

外国人とコミュニケーションするには語学力は欠かせないが、習うのはどの言語でもいい。また、いきなりビジネスレベルの語学力を身につけようと焦る必要はない。自分が外国人であることを想定し、最初は日常生活ができる旅行者レベル、職務範囲のビジネスがこなせるレベル、対外的な折衝などがこなせるレベルという三段階でホップステップジャンプを意識して勉強をするようにすると気が楽になるだろう。

こうした語学の学習レベルの段取りができると、行動してみようという動機につながり、現地の人々とコミュニケーションを図れるようになるため、徐々に自己の成長する様子がわかり、やりがいが生まれる。言葉ができて人とつながりをもてるようになると、現地にいても、何もできないもどかしさや焦りを一人で感じなくて済むようになるため、精神面でも楽になる。

語学の習得レベルは、自らのキャリアレベルに沿って、継続して仕込んでいく必要がある。世代で言えば、20代のうちは敬語がわかり、ビジネス場面にふさわしい話し方になっていることが望まれる。ティーンエージャーが使う英語とは違うレベルと内容を理解していることがビジネス英語では最初から期待されている。どうせ身につけるなら、外国語も品格のある表現や言い回しを覚え、学習しながら使いこなしていくことを期待したい。

語学の基本は学校教育で学ぶ英語である。私立学校では英語のほかに他のヨーロッパの言語を高校時代から選択することができるところもある。また、外国語専門の大学で中国語、アジア言語、アラブ語、ロシア語、スペイン語、ペルシャ語、アフリカの言語などの特定地域の言語を勉強すると、海外勤務を前提に採用され、海外赴任の機会獲得は早くなるだろう。

「生きのびるための語学力」を身につける

最近の米国では、大学卒業してもすぐに仕事が見つかるように幼少期から小学生くらいまでの間に外国語を学ぶなど語学学習の準備が早くなっている。幼稚園の頃から8歳までの間にいろいろな言語の単語を暗記し使いこなすようにすると、その後の暗記中心の語学学習が苦でなくなる。そのためのツールとして、いろいろな種類の外国語の歌を暗記して意味がわかるように工夫されている。外国語を習得すれば、大人になってからどの国でも生き延びるための言葉を使うことができるからである。

グローバルキャリアを持つ経営職の教訓

これまで説明してきたように、新卒入社後、会社で教えられるままのキャリアプランを持って過ごしていたのではグローバルビジネスの実践では歯が立たないことをおわかりいただけたと思う。改めて総括すると、最初に書籍でもよいので経営学の勉強をすることだ。ビジネスとはお金儲けである。未知の市場で仕事をするために仕込むべきは、繰り返すようだが経営学各分野の理論である。

海外市場では日本で培ったビジネスの経験や勘は通用しないと考えたほうがよい。考え方や価値観が国・地域で異なるからだ。そのためには最初から「思考枠」（46ページ参照）を頼りに、市場や現場を観察し分析、「こうやるとうまくいくはず」という道筋について一から作戦を立てる必要がある。

人の判断も同じで、対話を通してその人の思考や価値観がわかるのであり、「こんな投げかけやアプローチをするとうまくいく」という感触をつかむことができる。それができなければ、誰と仕事を共にしても難しいだろう。とにかく、若いうちから大学院や書籍を通じて経営学の理論を勉強することが何よりも必要である。

この教訓は、前述したように日産自動車元会長の故・塙義一氏、日立製作所元会長・川村隆氏など日本の大手企業経営者ＯＢが、経営学の勉強なしに海外勤務をし、80・90年代に米国の現地マネジメントや経営者との比較で実力不足が身に染みたという記述を多数残していることから明らかである。

日本の大企業のトップエリートが、自ら当時感じた実力格差を自著や記事で正直に回顧しているのは、次世代に対して海外勤務するうえでリベラルアーツを含めた体系的な学問・理論を勉強することの必要性を力説しているものと思われる。

【日本のビジネスパーソンの弱点】

長期勤務であるため、社内キャリアに基づいた能力形成しかしていない点にある。海外では職種で培われる能力に加え、マネジメント能力、職種拡大のための能力形成を自分で学習して行うのが通常である。

グローバルビジネスパーソンの基本は複合キャリアである。マーケティング職は「技術」と「経営」のダブル学位、技術職ならＳＴＥＭ（科学、技術、工学、数学）のように「技術複数」プラス「経営学」など、経営職では「経営学」プラス「心理学」など。

2 年代別、役職別につくる

～段階的に習得しオールラウンドの知見を身につけていく。

20代――次の10年の仕込み期間と位置付ける

若い年代の読者の場合は30歳以降、市場での現場実践をひとりでできることが機会獲得を後押しする。語学はできるに越したことはないが、経営の勉強として英語で書かれたビジネス記事を読み、同時に語学の勉強につなげることができればベストである。

大学生時代から語学を磨いておくことが必要だ。そして会社員2～3年目から、経営学の勉強を少しずつ始める。最初は市販されているＭＢＡの本を探して勉強することからスタートするのもよい。学生時代に海外旅行に出かけて、いろいろな国の文化や社会に触れて、日本ではないところで生きる、そこで生活するという感覚を養っておくことも必要だろう。

社会人になってからは、まず「仕事の型押し」をすることだ。型押しとは、毎日決まった時間に行動や活動が安定的してできるようにすることであり、そのための訓練をすることだ。そして毎日の職場での暮らしを心理的に安定させられるように人間関係に細心の注意を払って暮らす。また業務では上司や先輩の動きや仕事ぶりを観察・理解し、仕事における正しい判断の方法を学び、現場での実践経験を通して判断軸のマスターをすることが大事だ。

27歳くらいになったら、大学院で経営学を学ぶ機会や理系の専門分野の研究にチャレンジすることを勧めたい。まだ社会人としては未熟だが、30歳から本格的に一本立ちをする準備をするために必要なことだ。この段階で次の10年に向けた仕込みをしておくと充実した30代を過ごすことができるだろう。

30代前半――複数の成功事例を体験する

30代になったら、積極的に多くの仕事をこなし、10年間の間に3～5本の成功事例があれば理想的である。30代は体力・気力も充実しており、その勢いがあるため、考えたこと、やりたいことに無心でチャレンジすることができるし、夢中になってやれば成功する確率が奇跡的に高くなるものだ。

人生でこのような心身ともに潜在力が高い時期は30代しかないだろう。知識や経験が足りない部分は先駆者に学び、教えを乞うて、やり切る経験を積むことで成長していく。たとえ挫折しても、弱い部分をきちんと理解して、その分野を改善・強化していけば回復が早い。

30代には企画を考え、自分でやり遂げ、足りない部分は学習するようにする。30代に3回のサイクルで何かの起案にチャレンジすることができると、その後の人生は揺らぐことなく、自分のスタイルで切り開くことができる。

35〜40歳——ビジネスプランの策定・実践を経験する

30歳半ばから40歳までの間もビジネス人生においては貴重な時間だ。著者の経験で言えば、ミドルマネジメントとなり、経営学の勉強もある程度終えていたが、収益をどのように上げていくと良いかを考えることが難しく感じられたものだ。その背景には営業やマーケティングの場での実践が足りなかったことが原因として挙げられる。30代で職業を変える、新しい職でマネジメントをやるということは大変なリスクを伴う。

とくに営業やマーケティング部門では、新しい商品群、新しい顧客を相手に、市場や顧客のポジションや収益性を見ながら、最善な提案をして販売を成功させなければならない。物や技術を買う側から売る側に転じ、売る場合のシナリオを徹底的に理詰めで考えたものだ。

また、当時の日本企業のマネジメントは男性だらけだった。そのなかで女性の営業として相手に媚びることなく、どのようなスタイルで営業すれば成功できるのかについて必死になって考えた。マーケティングの技術職は顧客のニーズに仕様を合わせる役目を担っているが、その評価が取れた後は、営業が適切な数字をはじいて注文書をもらわなければならない。そこで顧客の生産予定量と、販売見込み数と、在庫管理のコストの3つをもとに試算したところ、黒字になることが判明した。その数式を持って営業に行ったところ、顧客の利益が明確化され、2年ぶりにその顧客から継続する注文書を新たにもらうことができた。

そのときの教訓から、未知なる市場で営業を成功させるためには、市場動向を正確に読むこと、そして営業して注文書をもらうには、顧客にメリットがあるということを認めてもらうことが重要であることを知った。

仕事がとれない営業は、価格だけで商品を売ろうとするが、顧客にとってコストになるものは単体の製品だけではないのである。そのコストが総合的に削減できなければ、買値がいくら安くても、取引条件によってトータルコストは上がるのである。その数字のからくりと原価積み上げによる詳細な内容について勉強していたからこそ、競合他社にはない営業提案ができ受注し、成功できたと思っている。これらは大学院や独学で勉強していなければわからなかったことである。

40代――「人の管理」を重点的に

40代になってからは、「人の管理の勉強＝マネジメントスキル」の習得が役に立つ。

現場での成功体験は30代のときにできているため、現場での収益獲得には多様な方法論を駆使してチャレンジできる。しかし大勢の人をマネジメントできなければ成功はおぼつかない。そのためには、たくさんの本を読んで勉強すること、とくに心理学の勉強をしながら、人に向き合う練習をすることが大切だ。

周囲にいる人に、まず自分が安心できる人であると思われなくてはならない。安心できる土台とは何かを考え、今度は日々の対話を通じて信頼関係を結ぶことが大事である。最初から人を大切にし、その人の思いを大事にする人は、人から裏切られることが少ない。

一方、心理学的なスキルが欠如し、自分の利益だけを優先し、部下に対して適当なあしらい方しか知らないマネジメントは、いい仕事やいい結果を最終的に残すことができない。やはり人の考えや思いを知り、人の心の動きを知っている人は、成功は小手先の技で得られるものではないことを知っている。

一番に必要なことは人に対する思いやりであり、そして安心を感じられるようになることが何よりも重要なのである。陰で悪口を言ったり、その人を陥れようとする人は、どこの会社においても厄介者として取り扱われている。ミドルマネジメントとは、「仕事そのものに習熟し、マジシャンのように収益の拡大を仕込むノウハウがあること」と、そして人のマネジメントとは「心を込めて接し、信頼を得て人を治める」ことのできる人が成功者となる。

50代——「マネー管理」「リスク対策」を押さえる

50代になって海外勤務をする場合は、いかなる人に対しても基本マネジメントができることが前提条件となる。最初にやるべきことは、現地の市場を勉強することである。マネジメントができても、日本との市場の違いがわからない人は成功できない。そのため、海外市場を回り、仮説を立てながら、市場の成功の軸を理解することが最重要課題である。

また経営学の学習では、管理会計の知識が最も重要であり、お金を管理できることが基本となる。また常に市場を見ながら、リスクの試算もしておくことを忘れてはならない。トラブルなどが発生し、いざというときにどんな対処をするとベストなのか、その対処案はどのようにすればすぐに対応できるのかを突き詰めて考える。

現地の取引先とよくシナリオを詰めておくと、いざというときに適切な対処ができる。経営者の仕事とはマネー管理とリスク対策である。このことを改めて認識しておくことが大切である。

【事例・経営者のキャリアプランから学ぶ】

世界最大のインターネット、ネットワーク機器メーカーであるＣｉｓｃｏ（シスコ）の安定経営とグローバル市場、成功する企業のスタイルと長期安定経営者モデルを紹介したい。

どんな経営者がグローバルビジネスにおいて理想的な組織行動を導き出せるのか。90年代から様々な経営者を観察してきた。そのなかでも顧客の事業者や営業とも垣根が低く、距離も近く、対話も端的に的を絞り、手を挙げる人を積極的に引き上げて使う、人材活用が上手な経営者としてジョン・チェンバースを挙げたい。長期の企業経験を通して、折り目正しい能力研鑽とキャリア構築の末、経営者になった人物であり、会社員の鏡と言えるだろう。

ジョン・チェンバース（前シスコCEO）

彼はリベラルアーツとサイエンスの学士号をウェストバージニア大学で、インディアナ大学のケリー・スクールで財務および管理における経営管理の修士号と法律の学位を取得。彼はまたそれ以前にデューク大学の工学部で履修、27歳の時ＭＢＡを取得した後、ＩＢＭで１９７６年から技術販売のキャリアを始める。34歳だった１９８３年、彼はワングラボに移る。１９８７年に米国事業担当副社長に就任。大幅な損失を出しワングラボを退任。１９９０年にシスコに入社、42歳だった。

チェンバースは、１９９０年から１９９４年、ワールドワイドオペレーションの上級副社長、1994年から1995年、エグゼクティブバイスプレジデント。46歳だった1995年1月以来、彼は最高経営責任者（CEO）の役割を引き受け、同社は約7000万ドルから460億ドルに年間収益を成長させた。2006年11月に、最高経営責任者（CEO）の役割に加えて、彼は取締役会のチェアマンになった。

実際に著者はジョン・チェンバースと、90年代後半に米国企業のマネジメントトレーニングを受けたときの演者として出会っている。明確な事業計画を短期・長期で示し、そのゴールに向かうために「君たちで提案のあるものはいないか？」と質問し、手を挙げた数人に即アポをとらせていた。

マーケティング営業出身だけあり、市場をいかに創るのかに長けており、その戦略は図やチャートを使って、誰にもわかりやすく、技術者もマーケティングの人間にも、あれならこんな技術を提供して提案すれば仕事が取れるというのがすぐわかるような、とても理解しやすい直球感のある説明だったことを覚えている。

その後も、自らのビジョンを明確にした発言や声明をビジネス誌などで発表し、同時に地道な広報を通して、あらゆるグローバル市場の各方面へ隅々までシェアを広げていくことができた。

彼はＩＢＭ出身で、地道で堅実なタイプだ。シリコンバレー経営者とは異なり、跳ね飛ぶような個性はないが、白いワイシャツにブルーの背広を着た「米国の典型的な保守」なスタイルで25年ものあいだ安定した事業を牽引し続けてきた。その間、２０００年前後には通信バブルがはじけて多数の競合他社がリストラや規模縮小で買収されブランドも消えて行ったが、シスコだけは着実に生き延び続け、今も安定した市場をグローバルに持ち続けている。

【経営者のキャリア形成】

最近の傾向として経営者になるためには「マーケティング」「人事組織」「工学専門分野」「投資」「経済」など、オールラウンドの知見が必要になってくる。

日本企業の経営者のキャリアは長期勤務で経験的に育まれた「職務能力」が主体であるため、経営者が兼ね備えるべき能力が粗削りのまま、役員登用されているケースが多い。

その場合は、外部専門家を雇い、不足している能力を補うのが「西洋のならわし」である。

第3章

赴任して即、結果を出す

PERFECT JOB IS PERFECT PLANNING

1 海外仕様の思考をマスターする

～とくに「演繹法」「帰納法」を活用し効率的な伝達をする。

思考枠が同じになれば仕事はスムーズにいく

長い間、日本企業では、英語ができないとグローバルビジネスはできないと思われてきた。実践するとよくわかるが、外国人の話す英語はパーフェクトではなくても、海外仕様の思考が磨かれていれば、ビジネスでの伝達は十分に可能となり、以心伝心も図れるようになる。**（図1）**

そこで本章では、海外仕様の思考枠を理解することから始めたい。日本語でビジネスシナリオを考え、英語でプレゼンを作成できるようになると、伝達力が格段に上がり、語学力に頼らなくてもよくなる状況を紹介する。また海外の人と思考枠が同じになり、対話が可能になると、相手の意図を読んで仕事ができるようになる。日本人同士のように以心伝

図1　　思考枠の事例

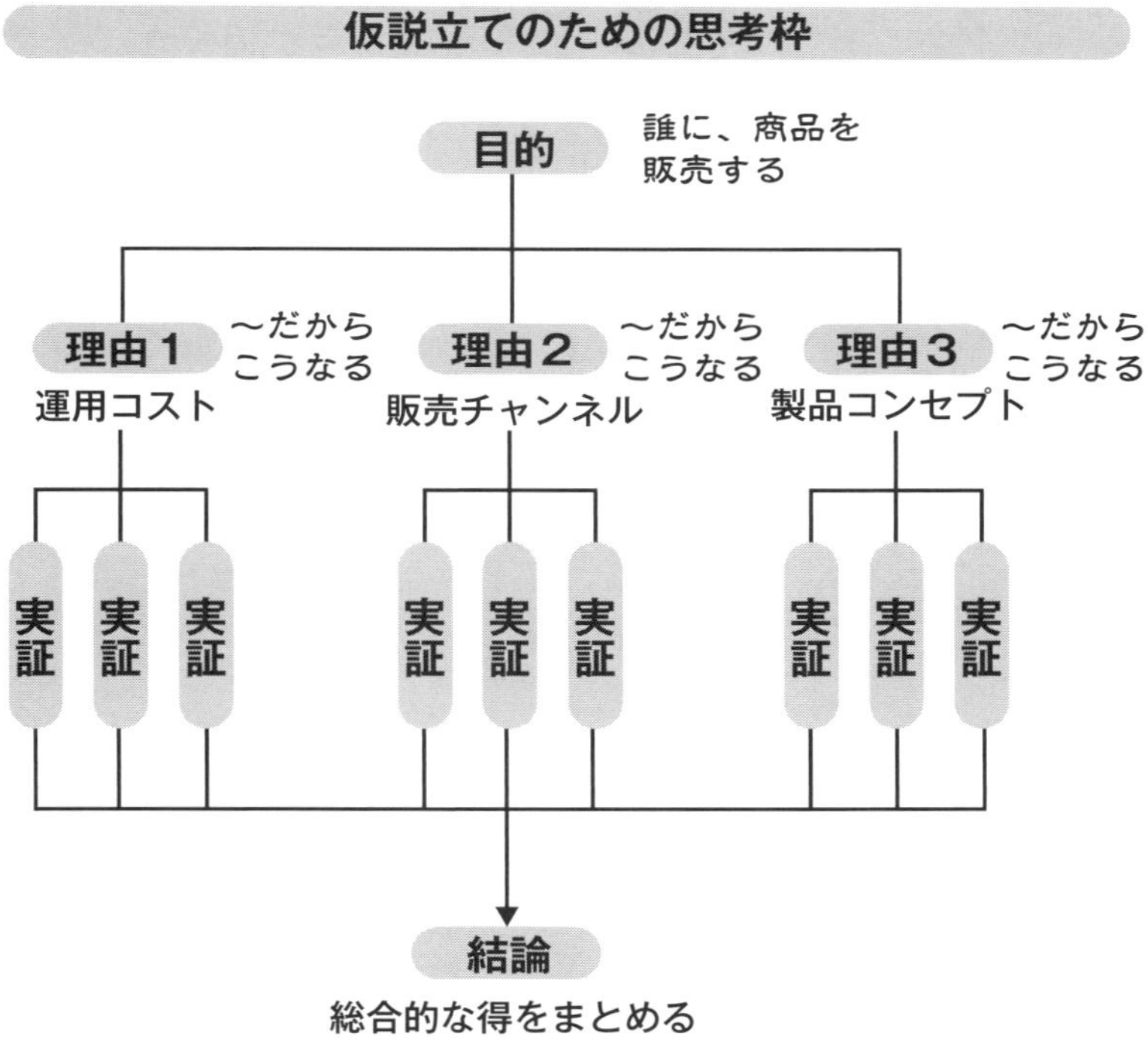

分析軸は、理論から取り入れる。
本解説では、マーケティング4Pセオリーのうち、Price, Promotion, Productを軸に利用

心が可能となるため、口数も多くならず、効率的な伝達が実現可能となる。海外では、広く西洋哲学の枠内でコミュニケーションを取ることが一般的となってきた。

多民族国家である米国では、90年代からどんな思考枠で話がされているのかを研究されてきたが、ビジネスの場では論理的な思考で対話が組まれているのが一般的だ。店舗等のサービス業ではとくに決まった枠はない。

海外仕様の思考法には3種類ある

グローバルビジネスの実践で使う思考法は3つある。「仮説を立て、意図する理論軸で複数「事実を踏まえてこうである」と実証する**帰納法**、「仮説を立て、意図する理論軸で複数裏付けられた事例を踏まえてこうである」と実証する**演繹法**、「時系列に推移を踏まえて普遍の事実からこうである」と実証する**弁証法**——の3つだ。そしてそれぞれの用途は異なる。

帰納法は今ある事実を踏まえての実証なので実務では使いやすい。演繹法は、現在はないものを論理的な創造で作り上げる実証であるため、新商品開発などで利用する。弁証法は、裁判では過去の判例を引用し実証に利用し、行政では時系列的な変化のなかにある普遍の部分を核の事実として押さえ、軸ブレを起こさないように実務に生かしている。

ただし、学術の分野で正規の論理思考教育を受けていない状態でビジネス実践するのは簡単ではない。そこで、ビジネスでの実践事例を解説しながら、わかりやすく説明したい。

主にビジネスで使うのは、帰納法と演繹法である。演繹法では新商品開発（マーケティング）のように、どのように提供すれば売れるのかという販売の法則を探るためによく利用される。帰納法は今ある事実を踏まえて、この商品は今、実際に売れている事実を紹介し、同じようにすると売れるという結論を導く。

1 演繹法の使い方をマスターする

今は存在しない新商品サービスを考える。（図2）

1 課題 米国市場でピザ事業を展開したい

2 質問 どのような独自な手法がよいのか？

3 思考枠

目的：米国市場を対象に、独自性を追求したやり方で、ピザ事業を展開する。
結論：米国市場で「ヘルシーでエコ」という独自のコンセプトでピザ事業は展開できる。
米国市場の既存ピザビジネスを調査し、以下の3点について、考察と実証を行う。
検証1：外食率の州別地域分布
検証2：1で的を絞った地域における、イタリア料理の種類別分布
検証3：1、2で絞った地域における、イタリア料理のサービス提供の仕方

図2　思考枠に「分析軸」を入れた場合の事例

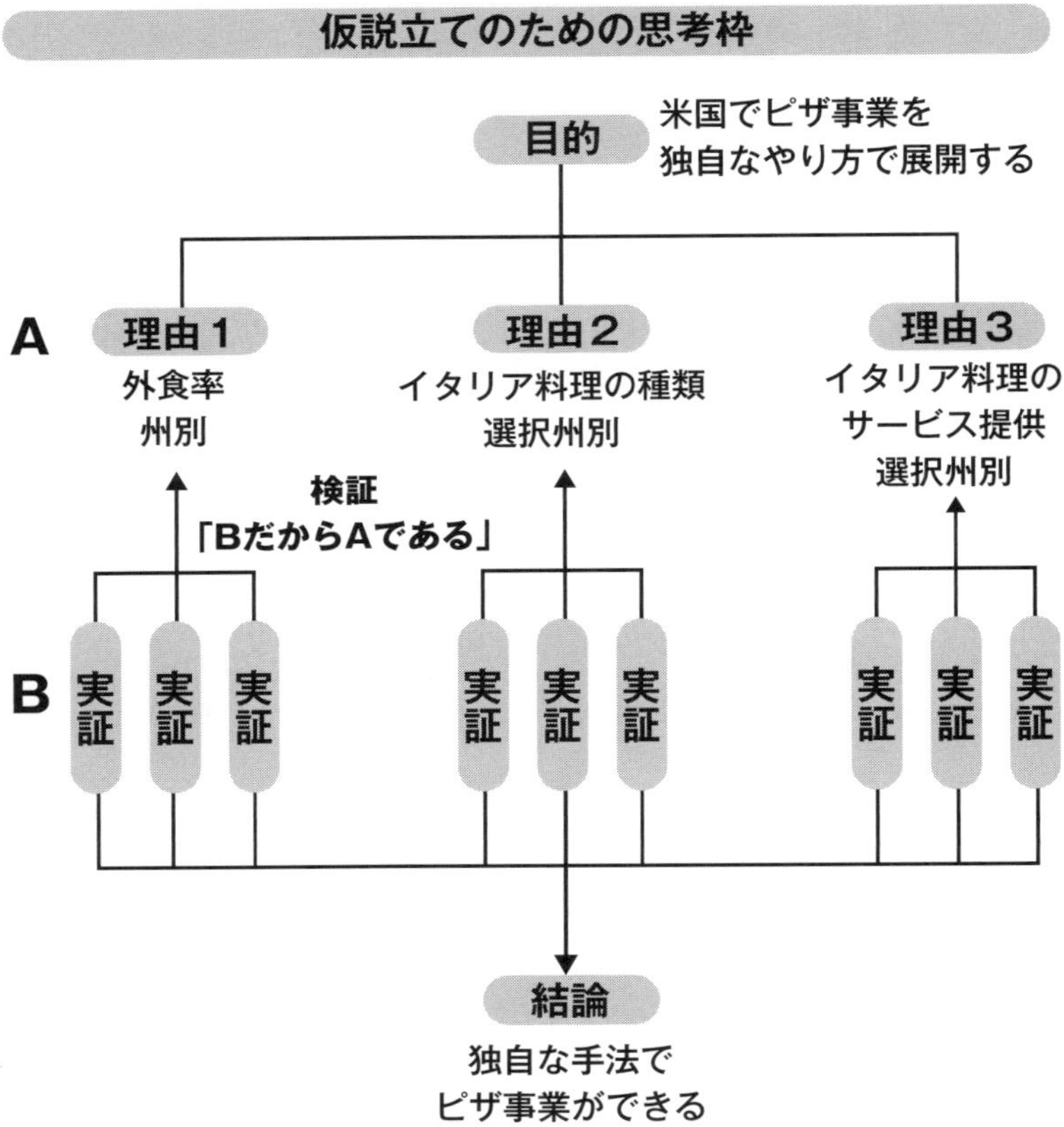

演繹法：仮説として「米国で独自な方法でピザ屋を展開する」という方向を定めて、調査・集計のなかから方向性・傾向を読んでゼロベースから具体的に考える

ビジョン（具体的なイメージ）：お好みトッピングで窯焼きのハンドメイドピザ専門のレストラン

結論の裏付け：お好みトッピングでハンドメイドのメキシカン専門のレストランが成功している状況と比較考察する

以上の調査実証から、「ヘルシーエコ」の意識が高い、的を絞った3都市では、お好みトッピングで窯焼きハンドメイドのピザ専門レストラン事業が展開できる。

2　帰納法の使い方をマスターする

市場のある事実から、できるという結論を引き出す。（図3）

1　課題　中国市場で漫画事業を展開する。

2　質問　どのような展開手法がよいか？

3　思考枠

目的：中国市場を対象に、漫画販売の最適なビジネスモデルを考案する。

結論：中国市場で、インターネット販売による漫画事業が有望である。

中国市場でのコンテンツ販売状況の調査をし、以下の3点について、考察と実証を行う。

検証1：コスト

検証2：販売チャンネル

検証3：製品

ビジョン（具体的なイメージ）：インターネットダウンロード販売による漫画本の販売

結論の裏付け：インターネット販売によるコンテンツ別の成功状況と比較考察

以上の調査実証から、中国市場で漫画コンテンツを販売する場合は、知財契約を結んだ提携先とインターネットによって販売を行う。

シナリオは、海外仕様の思考枠に沿って、実証方法を考え、話の筋を載せていく。図のテーマは、「中国市場で漫画を販売する」であるが、その際、市場が有望である証明を行うため、市場調査をかけ、3つの軸に沿って、うまくいく方向性を探っていく。

目的：中国市場で漫画を販売する。

結論：中国市場で漫画を販売できる。

どのように販売すると良いかについては、

検証1：価格帯は、本、映画、ゲームの3点を調べる

検証2：商品の種類は、紙の本、電子版、版権売りの3点を調べる

検証3：販売チャンネルは、店舗、インターネット、弁理士事務所の3点を調べる

結論として「価格帯は300円、電子版という形態で、インターネット販売ができる」というシナリオを導き出す。

図３　思考枠に「シナリオ」を載せた場合の事例

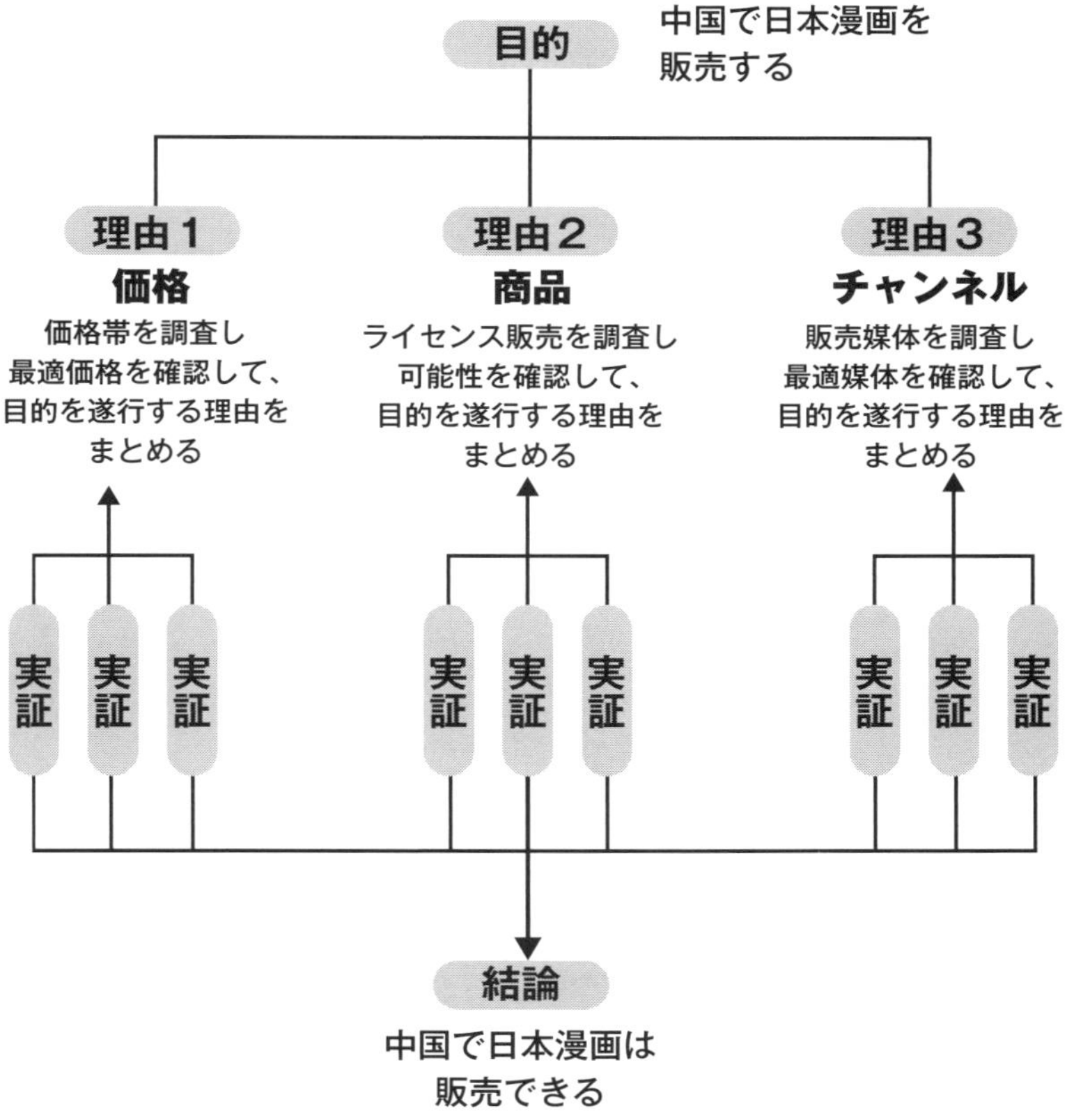

帰納法：今ある状態（既存状態）を確認して、「どうするか」の結論を導く

2 「失敗しない提案」を理解する

～思考枠を軸に専門知識で肉付けをしていく。

パーフェクトシナリオを考える

グローバルビジネスでは、「なぜ、その提案が収益に貢献できるのか」という命題について、前述した3種の思考枠での論理的な実証を踏まえて「儲かりそうである」との合意を相手から取り付けない限り、商談は前に進まない。

とくに米国では電話やメールで説明ができないとアポを取ることすらできない。海外仕様の思考法がマスターできると、どんな国・地域に行っても、自身の思考を汎用的に伝達することが可能となるため、便利なツールになる。

語学だけできてもビジネスの成果につながらないことは前に述べた。グローバルビジネスを実践するうえで重要な仕込みは、経営学の理解にあることも述べた。そこでグローバルビジネスでは、経営学のどの分野の何ができるとよいだろうか。具体的には後述する優先順位になる。

思考の違いを埋めるために経営学が必要

なぜ、海外では経営学の知識が必要になるのだろうか。海外市場でビジネスを始めようとすれば、これまでのビジネス環境と比べてすべての環境が新しくなる。人間社会に共通する部分は多いが、ビジネスはお金儲けであるため、個人や企業の価値観や考え方などたくさんの違いがある。

ビジネスでの多様な考え方に遭遇し、それが日本ではありえない価値観だったりするとイライラするものだ。そうならないように経営理論を踏まえて、相手の考え方が理解できるように準備をしておくことが必要だ。そうすると、相手の意図がわかりやすくなる。グローバルビジネスでは互いの思考の違いを埋め、相互理解が得られることが商談の大前提となる。合意できないうちはビジネス自体を前に進められない。

「マーケティング」「財務会計」の知識も外せない

なかでもとくに重要なのはマーケティングで理論を学び、市場の観察と聞き取りを通して、いろいろなことが事前に学べるようにすることだ。単なる観察だけでは不十分であるため、その消費行動はなぜ起きているのか、具体的に消費者への聞き取りができると、日本人との消費行動の違いがよくわかるだろう。

たとえば、中国からの旅行者がEUでたくさんのブランドものを買っているとしよう。それはなぜか？　と聞いてみる。自国でのぜいたく品にかかる税金が高額で、EUで購入して持ち帰ったほうが安くなるからという答えを聞くと、なるほどと理解できる。

次に大事な仕込みは財務会計の知識である。日本では最近の20〜30代の人たちは、四半期（毎3か月）ごとに企業が発表する財務発表の記事を新聞で読んでも、内容が理解できないほど、財務会計の基礎知識が不足しているように感じる。

売上高、営業利益、経常利益、税引き後利益、純利益の各定義、損益や貸借表の読み方の知識は必須といってもよい。どのような数値であれば企業経営として安全水域に達しているのか。こうした知識はグローバル取引に必要な与信管理でも求められる。

製造業に携わる人であれば以下の学習が役に立つ。開発部門の人はプロジェクトマネジメントの運用手法、生産管理部門はオペレーション手法、購買部門はサプライチェーンや各国のロジスティク通関業務のイロハなど。こうした知識は工学系専門書で自主学習することをお勧めしたい。とくに経営工学の専門分野は製造業に特化したものであり、モノづくりの詳細はすべてそこで学べるのでぜひ挑戦してほしい。

Column 1 個人のサバイバル力を養う

STEP 1

人生ビジョンを立てる その1

「個人力」を築くためのキャリアビジョンについてまとめてみよう。グローバルビジネスでは若い時から明確な生きるビジョンを持っていることが必要である。能力や経験では未熟でも、若い時は人がいざなってくれることもたくさんある。では、どんな仕込みをして、グローバルなサバイバル力を養えばよいのだろうか。

以下、本コラムでは筆者の経験で培ったそのためのポイントを説明していく。

まずは漠然とでもよいから、海外で働きたいという気持ちを強く持つことである。女性であれば、海外に出ていくこと、それからの人生をどうしたらよいのか、事前に悩むことがある。

著者の場合も 30 代後半、ブラジル移民の一世を訪ねてその答えを探しに出かけたが、結論は出なかった。それから数年間、闘病生活を送ったが、その間に答えを見つけることができた。それは、生きる時間には限りがある。ならば、一番好きなことをやって死ねばいい——。

あとは単純に、思いのまま進む。

明確な人生の柱を持つことができたのである。

3 その他の専門知識を身につける
～足りない知識を補強し海外仕様の思考軸を活用する。

「経済学」「数学」「統計学」が3種の神器

そのほかに経営に必要な専門知識が3つある。1つ目は経済学だ。知識があれば、マクロ経済動向を読み解き、為替の上下変動による財務状況の影響を検討したり、銀行金利の上げ下げによる経済効果を推定することができる。その結果、中長期的な事業戦略の構築に大いに役立つし、経済の先を読む能力は極めて重要だ。

2つ目は数学。仕入れ価格や販売価格を検討する際の費用対効果などの試算や市場調査に基づいて分析や試算をスピーディに行うのに役立つ。グローバルビジネスの世界での提案はほとんど費用対効果の計算が基礎になる。そのためにも日頃から様々な計算式を習得しておいたほうがよいだろう。

３つ目は統計学。市場調査やマクロ統計分析など、統計学の基礎を学んでおけば、読み解くことができるので便利なツールになり得る。平均値と中央値の違いや、消費者などの満足度調査の内容など調査票を見ただけで、その構造がわかり、おもしろい。これからのビッグデータの分析にも不可欠であり、これらの専門知識があると、職業人として成功する確率も高いだろう。

ここで一言、付け加えておく。

金融業界で海外勤務を目指すのは極めてハードルが高い。なぜなら業界全体がＭＢＡ出身者で埋め尽くされているからだ。その人たちと共通の会話をするためには経済学の知識は必須であり、そのほかに金融財務などを履修し、分析できるようにすることで理解レベルを共有することが必要になる。

その点、学部だけの知識では明らかに専門性が不足する。事前に書物などを読んで独学しておくことを勧める。また、融資先の財務管理をするコンサルタント業務も増えてくるので、財務会計の知識と分析、ビジネスプランの評価は必須といってもよいだろう。

海外仕様の思考を実践する

経営理論の知識の仕込みを踏まえて、その分析手法を使って、今度はグローバルビジネスでの提案に利用したい。

図４

費用対効果の算出

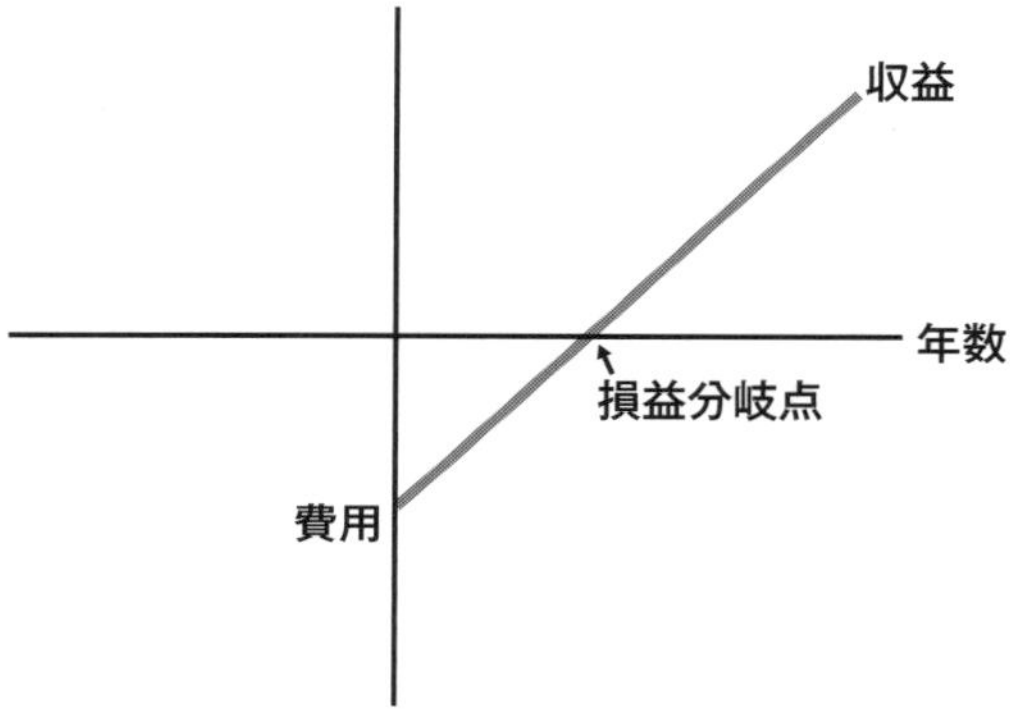

営業提案では顧客における費用対効果を算出する。損益分岐点で利得の発生する地点が、時間軸でわかるように状況を説明する。

その際、あらゆる部門の企画職に携わる人は、海外仕様の思考による実証的な説明が必要になる。

例えば営業では、自社の製品を導入すればどのような内容でどのくらいの効果を上げられるのか、定量的に価値が示せないと製品は買ってもらえない。

図４のように、営業企画の事例では、製品販売の場合、冒頭で目的を示し、３つの分析軸（「提供される価値」「費用対効果」「損益分岐点」）で優位性を証明し、提供する価値を定量化する。海外事業案件の提案では必ず顧客にとっての費用対効果と損益分岐点を示すことが大切である。

Column 2 個人のサバイバル力を養う

STEP 1

人生ビジョンを立てる その2

「一番好きなことをやって死ねばいい」という人生の柱は様々な変化と環境でも曲がることなく、私の野望となり、どんどんグローバルビジネス&ライフを後押しする活動を行っている。とにかく、生きる時間はあまりに短い。とくに40代になったら痛感する。無駄な時間など過ごせないことを悟ることになることもしばしばある。

「その1」に書いたように日本で会社員をやっていたのでは、チャンスをつかめないまま引退することもあり得る。そこでどうしても海外に出たい時は、人生ビジョンを今一度検証することを勧めたい。

　その意欲とパワー、能力があれば、実は何歳になっても自分の人生は切り開いていける。例えば、日本の企業勤務では55歳役職定年を迎える直前になっても機会が与えられない優秀な人材がたくさんいる。女性の場合はもっと早くに先が見える。

「もっと仕事をしたい」という思いが募る。会社員でできないのなら、自分でビジネスを興せばいいのだ。

　そのためには何をすればいいのだろうかを次で語りたい。

4 「思考の共有プラットフォーム」を忘れない

～「思考のズレ」がボタンの掛け違いの原因になることを再認識。

コミュニケーション阻害要因は「思考の違い」

日本では同じ社内の人間が日本人であることが多いため、大抵の仕事の内容は共有化されている。昨今の事業構造改革に当たっては工数計算がよく使われるし、社外社内問わず費用対効果を求められるケースが増えている。だが、外国人が相手だと簡単に理解を共有化することは難しい。最近は日本国内にも外国人社員が増えている。しかし、日本人社員と仕事の話がかみ合わないために、早期退職してしまう外国人も多い。その原因の一つが思考の違いである。海外仕様の思考を持たない日本人社員と外国人社員が、考え方の相違部分に対して理解し合う〝共有プラットフォーム〟がないことが挙げられる。国内の職場であってもしっかりとした論理思考の枠組みを前提にした議論ができる「場」があると、グローバル展開は楽になるだろうと思うのだが。

海外法人になるとなおさらだ。現地法人は日本人マネジメントは少数で、働いている多くの人は現地社員である。日系の現地法人の赴任者が成果を上げられない原因は、海外仕様の思考をマスターしていないからである。そのために現地人とチームジョブを遂行することもできないし、マネジメントすらできないからである（現地での対話の摺合せ、西洋式マネジメントなど、国内との違いは、詳細は5章で述べる）。

アジアでも海外仕様の思考法で組織づくりを目指す

社長がＭＢＡホルダーである楽天ですら、シンガポール法人を閉鎖したという失敗事例を持っている。それはなぜだろうか。90年代までは、日本企業が東南アジアに進出しても失敗する事例はなかった。アジアと共有する組織文化があり、日本語を話せる現地の人もたくさんおり、事業の展開も容易にできた時代だった。

しかしＩＴ業界となると、生粋の米国文化がしみ込んでいる産業である。日本風な組織&ビジネス文化になじめる現地人材が少なかったことが原因だと見ている。

現在も多くの日本のメーカーやサービス業がフィリピンやインドなどアジアに進出している。その場合には決して日本の文化を組織の土台にするべきではない。これまでの成功事例を見ると、汎用性の高い経営学の理論がふんだんに実務的に運用されているアメリカ文化で組織を築き、そのなかに日本人が入ることでうまく回っているようだ。その際の対話やマネジメントで役に立つのが、海外仕様の思考法なのである。

人材のマネジメントにおいても、欧米風の能力主義による現場管理が増えている。部下をマネジメントするには課題を与え、論理的な思考法で考え、自ら解決を図るようにしていくと、自ら学習し、判断ができる部下が育つもの。日本的な報・連・相による育成では、海外では人は育てられないといっても間違いないだろう。

【グローバル市場で日本企業が苦戦する理由】

経営者がグローバル市場に精通している場合でも、海外法人が苦戦しているケースが増えている。主な原因として管理職が培っている能力は国内版であるため、海外市場で必要な能力が形成されていないことが多い。経営的な専門能力として一人二分野の専門能力が最低となっている現在、職場のあるがままで培った能力だけでは歯が立たない。技術職ならマーケティングの実践まで行わないと、技術企画開発が完璧にならない。

現地法人に勤務している日本人が現地への溶け込みが浅いため、現地市場のイロハがつかめないこともある。他方、グローバル勤務のベテラン日本人マネジメントが本社に現地市場での正攻法を提案しても、本社の意思決定が追いついてこないことも多い。いずれにしても日本に居て海外のことを決めるのは土台、無理なのである。

Column 3 個人のサバイバル力を養う

STEP 1

人生ビジョンを立てる その3

南北アメリカ大陸には様々な移民の暮らしがある。いろいろな出身の多種多様な人たちに移民後の生計維持の方法を聞かせてもらい、今ある自分なら何ができるかをよく考えてみることも一つの方法だ。日本とのかかわりとどう活かしてつないでいったらよいかを考え、具体的な人生計画を立てるとよいだろう。

20 代で EU を一人で旅行していた時、旅先で出会ったスペイン系家族のお父さんから、「海外で働きたかったらできるだけ、早い時期に出なさい。早くチャンスをつかめるように努力しなさい」というアドバイスを受けたことがある。

その後、とある会社に入社したが、そのチャンスはなかなか訪れないまま３０歳を超えていた。だが、32 歳くらいからそのチャンスが訪れるようになった。

今振り返るとちょうどいい時期にチャンスをつかみ始めたと自分で思う。しかし出張はまだしも、長期勤務への適応力をつけるのは大変だった。37 歳くらいになるとようやく馴染んできたが、そうなると米国での仕事は苦にならなくなった。米国の仕事や生活が大丈夫になったら、どこの国・地域でも大丈夫である。

そういう基準を私なりに得たことを記しておきたい。

5 「異文化」の定義をはき違えない

～違いを受け止める。ただ何事も自分の枠に当てはめない。

実際の現場では異文化そのものによる弊害はない

グローバルビジネスの研修には異文化というカテゴリーがある。それは何かというと、国が違うと挨拶や表現が異なる。たとえば、映画ではよく握手をする場面がみられるが、普通のグローバルビジネスではあまり握手はしない。

そもそも握手はユダヤ系の契約の儀式のときにする行為である。ある商談でユダヤ系の人から、「日本人も握手するんだ、同じだね」と言われて驚いたことがある。またハグも全くしない。ハグは親しい関係の人だけでするもので、ドラマを見て、誰とでもハグすると思ってはいけない。ハグしようとすれば、よけられたりさけられたりする。既婚者であれば、離婚騒動の相手に間違われることもあるので要注意である。そういう生活のなかにある行動様式や考え方を「異文化」と呼んでいる。

海外でビジネスを遂行するうえで、文化の違いが災いすることはあまりない。なぜなら、お互い外国人同士であるため、相手の文化を100%理解してもらうことなど、最初から期待していないからだ。だから文化的に行動様式や考え方が同じでなくても問題はないのである。海外に長期滞在すれば、生活するなかで徐々にその違いを発見し、独自の文化に触れるようになる。結果的に異なる考え方や価値に対して理解が深まることになるので、それほど文化の違いを心配する必要はないだろう。

マネーに対する価値観が日本と海外では大きく違う

日本ではお金の話をするのははしたない、品が悪いという価値観がある。その価値観を持って、資本主義社会のアメリカで仕事をすると、大変な問題に遭遇することになる。

商談をする際は常にお金がかかるのか、かからないのかを最初に確認してから、専門のプロには相談をしなければならない。アメリカの文化を理解していると思われて、相談料を後から徴収されるという間違いを起こさなくても済む。

グローバルビジネスでは、お金の話は避けられない。逆にお金の話をしない商談など存在しないのである。対面であっても電話であっても、最初にどのくらいの金額がお得な話なのかを先方に伝えないとアポイントすら取れない。

また冒頭に、どのくらいお金を持っているのかを説明しないと、肝心の物件や商品の話が何も聞けない。そのくらいお金に対する日本人の価値観を捨て去り、下品と思われるくらいにお金の話をするのが4大陸共通の商談の常識なのである。

うまくいかなかったら原因を分析、成功事例と比較し補強する

グローバルビジネスでは失敗を恐れてはいけない。決してひるむことなく、国内でビジネスをするのと同じようにやってみることが大事である。現地の言葉がよくわからないときは、まず英語で自己紹介や営業などの対外活動をやってみることだ。英語が通じないと気づいたら、思考枠を意識して日本語で話したいシナリオを作り、全部現地語に訳して暗記する。それから自己紹介などをやってみよう。

それでもうまくいかなかったら、どこができなかったのか、弱いところを分析し、どんどん補強していくことだ。そのための一つが経営学の勉強であり、語学の勉強である。海外では現地の人と同じレベルで仕事がこなせないと一人前とは言えない。一人前として取り扱われるようにするためには、アポを取り、商談をまとめて、収益が挙げられるようになることである。

会社から海外での即戦力が期待されながらも、うまくいかなかった場合は、まだ十分な知識や経験がないことが原因である。互角のビジネスをするには、現地で成功している人

の中身を自分と比較してみることだ。中身を項目化してそれぞれについて自分と比較して、不足している能力については、どうすれば高めていけるかを考えることが必要だ。

会話術が十分でない場合は、まず日本語でシナリオを考えて、それを現地語に翻訳する。そして現地風に話すにはどんな言い回しをしているのかを観察しながら覚えていく。そして次回はその言い回しを使って体に染みこませることが必要だ。よい表現は書きとって覚えていくようにする。それを繰り返しながら知識や言葉を仕込んでいけば、1年くらいで身につくだろう。

米国で痛感した専門知識の不足

そのほかの足りない知識については本で勉強することだ。著者の経験について話をしよう。90年代アジアで仕事をしているときはそんなに仕事ができないとは思わなかったのだが、北米で仕事をしたときは何から何まで足りない、できないと悩むことになった。

まずアクセントが聞き取れないこと、これは大変なハンディであった。しかし半年もすると、ほとんどの言い回しがわかるようになり、さらに映画を見て完璧に理解できるようになった。ミュージカルのセリフも聞き取れるようになり、そうなると、仕事でもがぜん安定感が出てくる。聞き取り能力が100％になると安心感が出るので、あらゆるコミュニケーションが億劫でなくなるものだ。

電話も自分からどんどんかけるようになるし、国内と変わらずに仕事ができるようになる。それができるようになると、よりネイティブに近づけるようにと努力をするようになる。語学にハンディがなくなると、今度はビジネスを完璧に意図通りに運ぶにはどうしたらよいかを考えるようになった。いろいろ試してわかったことは、人に頼るのではなく、自分で完璧に段取りできるようにすることが、最も信頼できる仕事がやれるということだった。「仕事でわからないことを作らない」が私のやるべきモットーになった。複数の専門分野も理解できるようにしておくと人を頼らなくてすむ。自分で広範囲にわたる観察を行い、分析しながら実践していくことが私の流儀となったのである。こうやればこうなるという方向性を打ち出せるようにすることが重要だ。その蓄積が増えていくと、様々な分野や異なる市場で応用ができるようになる。

経験を重ねる度に、様々な分野の専門知識も増やしていくようになると、より高度な熟練の仕事ができるようになる。それが最終的に経営の仕事につながり、マーケットで市場価値を高めることにつながっていくのである。

知識と経験の質が高度になっていくと、それに伴って、人や組織についても深くわかるようになってくるものだ。たとえば、今の危機的状況を抜け出すためには、障害となる大きな要因とは何かを分析し、どのようにプライオリティを付けて要因の一つひとつを解決していったらよいかを考えることだ。それから人がどう動いているかを考え、それを重ね合わせていくと抜け出す方向性が描けるようになってくる。これは著者自身が苦労しながら見つけ出した方法である。

限界を突き破るコツ

自分のキャリアを高めていくには、20代からの10年、30代からの10年という計画を立て て、自分でこなせる内容を確認していく。設定した目標をクリアしていき、最終的には「専門性の高い経営者になる」という長期のゴールをめざすようにしてはどうだろうか。そうすれば、どこまでも果てしなく無限のゴールが広がり、夢の達成が人生にとっておもしろく感じられるだろう。

他方、もうここで限界かもしれないと思うこともよくあるものだ。たとえば、この3年間は高みに近づく機会獲得のチャンスもなく、同じようなことを繰り返し、どうやったらもう少し上のレベルに上がれるかを悩むこともある。しかし、著者の経験では、そんなときでも、次に自分が進むべきビジョンを多くの人々に語っていると、不思議なことにそのチャンスが自然にめぐってくることもあった。

海外勤務が長くなると、行き詰まりを感じるときは誰にでもある。自然に詰まってしまうこともある。そんなとき著者はニューヨークに飛んでいった。そして周囲を自分なりに観察したのである。そうしたら、この焦燥感から抜けることができるかを悩んでいたのに、まだまだ上を見れば高みがあるのだから、その高みに向かっていく努力をしようと思い至ったのである。そしてまずは第一歩からだと心に決めて、畑違いの専門分野の本を読むことにした。読んでみると理解できる内容だったので、勉強することに専念した。

そして何事も自分の枠に当てはめるのはよくないことだと思った。自分にとっては高度の分野の学習は大変だったが、無事理解することができてよかったと思っている。まだその効果は具体的には表れていないが、頭打ちだと感じていた自分の殻を突破するきっかけになったことは確かである。

このように即席による勉強でも高度専門分野を仕込んで、いずれ成功できる領域を増やし、実践を積んでいくと、まだまだどんどん上に伸びていけるという自信を得ることができるのである。

【即戦力を磨くトヨタグループ事例：新入社員全員に入社研修で海外提案力履修】

以前、著者がグローバル人事の研修講師を務めた際、トヨタグループには、驚くべき発見があった。どのグループ社員のプレゼンを聞いても、統一されたフォーマットと思考枠で発表が行われるので、どの人の内容も一定レベルの基準と品質を担保できている。その統一感に驚いた。そのため各説明の配分がよく、過不足なく内容発表を聞くことができる。外国語に置き換えても、内容の構成と伝達力は保たれるようにできていて見事だった。

彼らに、新入社員の頃にプレゼン手法を身につける理由を聞いてみると、グローバル化に伴い、最初から伝達能力をそろえるために、国内・国外問わず、最初から同じフォーマットで社内コミュニケーションが図れるように考案されたものということだった。また同様に、どのプレゼンでも図チャートが多数利用され、どこの国でもワーカークラスに伝達ができるように、わかりやすい工夫が施されている。

各国でそれぞれ異なる文化や言葉を勉強することよりも、まず人として向き合い、誰にでも100%伝達できる能力手法として思考枠を統一し、更に右脳でも十分理解できるように絵などを用いて説明するスキルは、どのグローバル企業でも各国の職場のコミュニケーションを上手に図ることができて、便利と思う。

【事例：仕事のプライオリティと週単位の予定表】

外資系で学んだ習慣で、以後ずっと継続して役立っている習慣がある。

毎週金曜日に、マンスリーと翌週5日間の仕事計画を立て、仕事の優先順位を決めて、何をいつまでにやりきるか時間割をつくり、事前にレビューをし、仕事管理を行っている。コンサルタントの仕事がすべて時間通りに、計画通りにできるのは、20代からのこうした習慣があるからで、自分でやるべきこと、可能性のあることはすべて計画し、時間内ですべてやり終えることができる。ビジネスは常に相手のあることなので、何らかの事情でビジネスとしてやるには「NO」と言われてしまえばそれで終わりになるが、あらゆる可能性を考えて潰していくことで完璧な可能性を示唆できる。

やりかたは、まず「To Do List」を作り、番号を振って、週単位の仕事を整理する（図5）。やりながら、消していき、全部消去できるまでやり切る。マンスリーは月次表で管理するのが一番わかりやすい。全体を見て週を管理することがやり抜く秘訣である。週の達成率もわかり、励みになりやすい（図6）。月次、3か月、6か月、9か月、12か月、中期と会社と同じように、自分の仕事も管理できるようになる（図7・8）。

またその訓練のなかで、上級になると、自己JOB管理、セルフブランディング、営業力の拡大、自己提案能力の外部査定、飛躍のための仕込み、市場リサーチ、市場査定、市場ポジション、更なる飛躍、という連続的で客観的な活動につなげていける。他方で、同じやり方で行きづまりや能力の限界なども思い知ることができる。

グローバル市場で、「時間限定で計画どおり仕事を仕上げると評価が高い」のはドイツ人である。彼らも同様のやり方をしている。

Column 4　個人のサバイバル力を養う

STEP 2

キャリアビジョンを描く　その1

グローバルビジネスで仕事を考える際には、職種の選択が大事になる。著者は最初に購買貿易、総務、営業と経験したが、コストセンターの仕事に就いていたのでは、アジアでしか活躍ができない。そこで米国に行くことに焦点を絞り、プロフィットセンターの仕事に就きたいと考え、マーケティング＆営業に転じた。

やはり、ビジネスを興し、市場を作り上げる力が蓄えられると、その後のビジネス人生はガラリと変わるものだ。さらにあらゆる地域の人々と仕事ができるようになると、人脈も増え、どんどん仕事のチャンスが増えてくる。ただし、どのように収益につなげるかはさらに考えなければならなくなる。

いずれにしても、グローバル勤務を志す人は、稼げる職種に就くことが先決である。そしてそのためには条件を満たす必要がある。海外のマーケティングは基本的に技術のデグリー（学位）がないと獲得できない。文系が就けるのは広報のような仕事だけといってもよい。

そのため、マーケティングでは技術知識を習得し、製品企画や仕様が理解できることが前提となる。

図5　「To Do List 1」毎月の行動予定管理リスト

案件/課題	月	火	水	木	金	土・日
1	初回の議論	→	コンセプト案まとめ	→	調査企画書	→
2	定性調査	→	→	→	→	→
3	結果まとめ	実証方法	考察トライ	アル	→	確認(OKかな)
4	中間報告	定点調査	→	→	→	→
5	まとめ①	聞き取り	調査アポ	聞き取り	聞き取り	まとめ②
備考 積み残し						

毎日その日にやるべきことを記載し、終了後は消去して、進捗を管理する

図6 「To Do List 2」マンスリーの行動管理確認リスト

	目的	アクションアイテム	ゴール	達成度
1月				
2月				
3月				
4月				
5月				
6月				
7月	市場調査	定性調査分析	仮説コンセプトの確認	100%DONE
8月		定点調査	仮説コンセプトの実証	
9月		報告書の作成	仮説コンセプトからの結論	
10月				
11月				
12月				

毎月の計画を記載し、進捗管理を行う

図７　「To Do List 3」年次３か月ごと行動管理

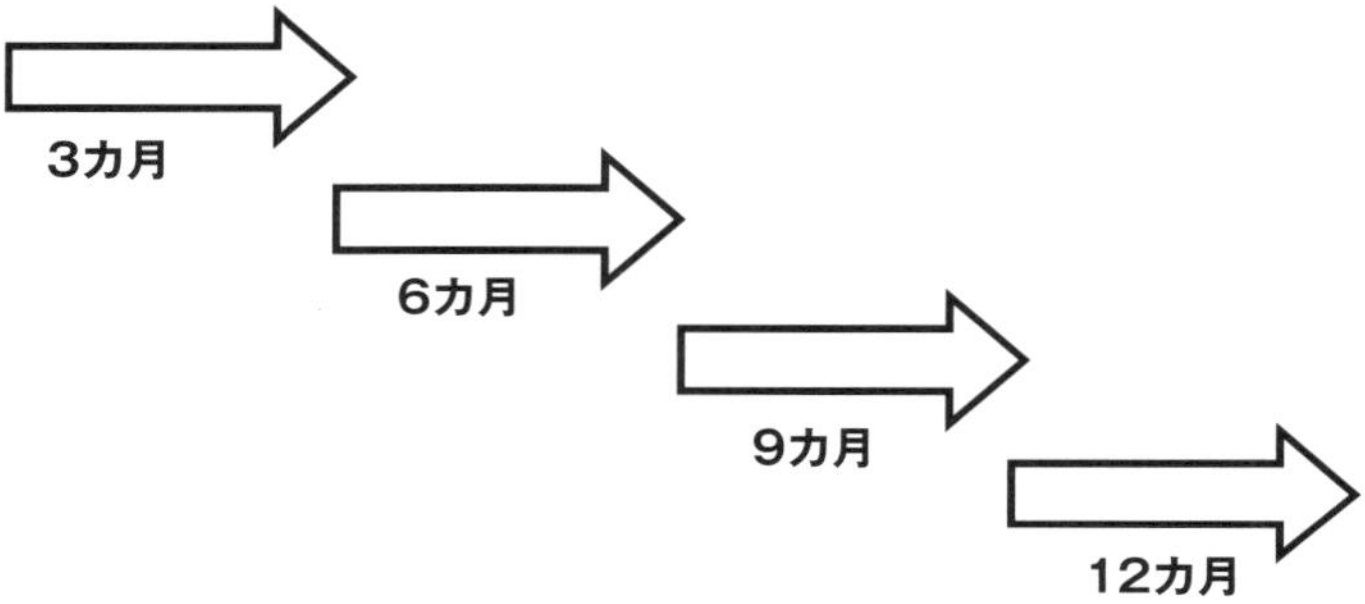

年次計画は、3か月ごとに起案し、確実に実行していく

図８　「To Do List 4」中期3年100%達成イメージ

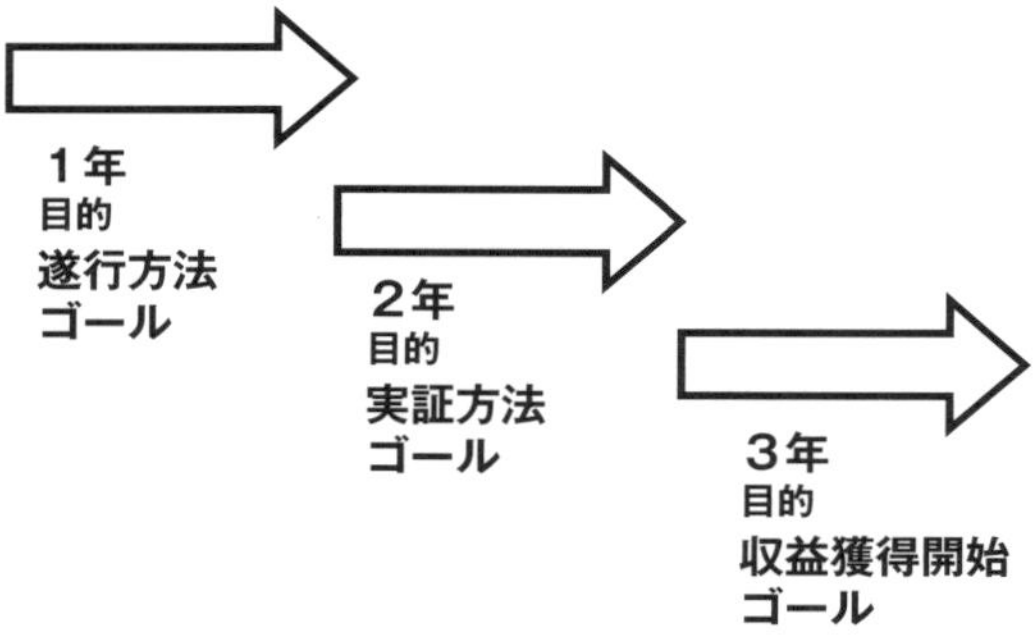

1年目に事業計画の遂行手法を準備
2年目に事業計画遂行における抜け漏れを埋める
3年目に事業計画の遂行方法を固め、収益確保の道のりを予定通りに完璧に遂行

第4章

語学力を確実にアップさせる秘訣

GOOD COMMUNICATOR IS GOOD SCENARIO WRITER

1 基本的な勉強法を実行する

～文法ではなく、使われているままの「口語仕様」を学習する。

「経営学プラス語学」で海外勤務はパーフェクト

語学はもちろんできるにこしたことはない。十代での学校英語の習得に加え、グローバルビジネスを目指すために必要なレベルは、聞き取りが十分にできることが必須要件である。そのためには単語力がたくさん必要になる。

中学英語程度の会話力、　旅行英語程度 聞き取りができる程度

←

大学入試レベルの英単語力と文法力

←

大学レベルの英単語力、読解力、日常の新聞雑誌や本を読んでいればＯＫ
聞き取りはネイティブ並みにほとんど１００％理解できる

日本で教育を受けた日本人でも継続した学習を行えば、次のレベルで職務遂行ができる。

〈職種別階層別〉
経営　ネイティブ程度　聞き取り１００％
部長以上　ネイティブ程度　聞き取り１００％
ミドルマネジメント事務職　高校英語程度の読み書き伝達ができればＯＫ
ミドルマネジメント営業職　ネイティブ程度の伝達と会話、聞き取り１００％
製造現場&管理系　中学英語程度（旅行英語レベル）で伝達ができればＯＫ
技術職　専門分野について英語で伝達ができたらＯＫだが、聞き取りは必須

経営とマネジメント、営業職は、聞き取りが100％できるレベルが必要。グローバルビジネス会話で重要なことだが、相手が正確に理解できているという信用がないと対応してくれない。金銭問題は世界中どこでも最大のデリケートな案件であるため、あらゆる誤解や齟齬《そご》があってはならないからである。

製造業では、5W1Hを使いこなせれば、大抵の場所では生活も仕事もできる。意思

の疎通も外国人同士ではかれるので、中学英語程度で十分やれる。

技術職は専門分野が英語で話せて、聞けて、お互いに理解ができれば問題ない。語学だけができたからといってビジネスで成果があげられるものではない。それは過去の〝語学屋〟と呼ばれた海外勤務者の結果からも表れている。とはいえ、英語はできたほうが世界中どこで仕事をしてもやれるので便利である。

音読するなり、まず音を頭にインプットしてみる

著者は学生時代から経営者を目指していたので、語学もネイティブになるつもりで学生時代から勉強に励んできた。しかし、留学経験はなかった。ＭＩＴ研究科主催のプロフェッショナルスクールに初めて行ってみたが、全然ハンディも問題も感じることなく、履修を終了することができた。日本で語学はコツコツやればできることを自ら証明できたことはうれしかった。

では、そこまでに至るまで、どのような方法で研鑽を積んできたのか、その学習法を紹介したい。

最初に、「聞く」ことを勧めたい。語学はサウンド＝音である。どの外国語も聞くことから始めよう。旅行会話の本を買って読んでみる。そして実際に使ってみる。絶対に文法や単語の暗記からは入らないことだ。

そのプロセスで10カ国語の旅行会話程度のレベルは知ることができるようになった。そのおかげでグローバルにいろいろな土地に出かけるが、どこの旅でも問題なく会話ができるようになった。ときにはビジネスの話もするし、経済の話や仕事の話も現地の人とするようになっていくものだ。

そのときに外国語は聞くことがいかに重要であるかを思い知った。外資系の語学学校の大半は、聞くことだけの訓練に最初のほとんどの時間を費やす。確かに音を言語として認知することが学ぶ原点ということが理論的にわかる。ただし聞くだけでは不十分であり、音読をしながら音を聞き取るようにすることがポイントだ。まず音を頭にインプットして、慣れることが大事である。この訓練を通じて、ヨーロッパの言語なら実際に話せなくても音の表現から理解することができるようになる。音を聞くだけで認知することが当たり前だと思っていたが、専門家ではないので詳しいことはわからない。できれば、聞いてわかる訓練は大学時代までにマスターしておくことを勧めたい。

旅行会話は語学力上達の出発点

以前、女優の杏が番組で自分のフランス語力について「死なない程度に話せます」と語っていたが、まさにその表現が的を射ている。初めて旅をする国で、水を買う、パンを買う、お金を両替する、支払う、乗り物に乗るため切符を買う、ホテルにチェックインする、また別な場所へ移動する、レストランに入る、ホットドッグを買う、飲み物の種類を聞く、値段を聞く——。

生きるために使う言語はすぐ実践するので簡単に頭に入るものだ。それができなければ、生きてはいけないからである。あるいは現地の人が困っている自分を助けるために声をかけてくれることもある。現地の言葉を初めて聞くが、必死に単語を聞き取り、説明を想像して理解する訓練をするようになる。そうすると、英語が基本にあれば、外来語が混じることがたくさんあるので、だいたい言っていることは読み解けるようになる。その能力を開花させることがグローバルビジネスでも大事なのである。

ＥＵの言語はラテン語に共通点がある

一番便利なのはラテン語という古典言語である。ヨーロッパ言語の原点であるため、そのラテン語の単語を暗記しておけば、ＥＵ全体の国で通用する単語がわかるようになる。たとえば水はアクアと覚えておけば、ＥＵからアラブまで水の買い物ができる。

たとえば、スペイン語で水はアグアという。イタリア語でもアッグア、ポルトガル語でもアーグアであり、ラテン語をルーツにもつ未知なる国々では、水を買い求める際に不自由することがない。また、ポルトガル語で魚はペイッシというが、イタリア語でベッシュ、フランス語でペーイスン、スペイン語でもペースカドとなり、魚の料理をレストランで注文することができる。ペーシュというとEU大陸で魚料理を注文することができて便利である。

英語ができるとチェコ語、ロシア語が読めるようになる。このように語学は体系的に習得していくと、幅が広がり応用することができるようになる。

【想像コミュニケーション力の威力】

最近、中東を仕事で訪問していた際、ホテルのチェックインが他にないやり方をしていたため、トラブルになったことがある。ちょうど目の前にいた恰幅のいいアラブ人が責任者らしく、アラビア語で私に何かをまくし立てている。アジア言語系に属するため、英語の単語がまるで出てこないが、彼と彼の表情をじっと眺めていた。いずれにしても「さっさと支払え！」と言っているが、彼はおそらく誤解をしている。

だが英語の話せるスタッフと「ホテル代は支払い済みだけど、あとは何が未払いになっているの?」と尋ねると、カフェで打合せの際にオーダーしたコーヒー代を今すぐに支払ってほしいということだった。システムの設計が悪いらしく、ホテル宿泊料金とカフェの利用代金はバラバラに請求できないらしい。今、支払わないと次の客がチェックインできないようだ。そこでまだ打合せ中だった商談相手の事業主（オーナー）から「支払いはあとにしなさい」と言われていたため、支払いはミーティング後にすると申し立てを断った。

打合せが終わり、コーヒーの支払いをしようとした時、またアラブ人の責任者が怒鳴ってきた。そこで「なんでこんな7ドルくらいの支払いを宿泊代と別に請求を切れないのかしら……」。会話はまったく通じなくてもシナリオは見事あたり、問題解決は成立した。オーナーはカフェのウエイターを呼び、彼に「今後は支払いを別にするように」と言っているようだった。まったく会話はわからなくても、想像でシナリオを読み、問題解決を図る力は磨かれる。この訓練はグローバルに活動するうえで重要な思考読み解きの潜在能力になる。

多くの単語を覚えるための方法

旅行をしていると、だんだん現地で出会った人と話がたくさんしたくなる。言いたいことが言えるようになるためには、多くの語彙を覚えておく必要がある。そのため単語の暗記をするようになる。

著者の場合、英語の単語は、学校の勉強のほかは英語の歌で覚えた。オバマ大統領の娘が、母であるミッシェルに「ラップなんて聞いていたら、悪い言葉を覚えてしまうから、聞かないほうがいいわよ」と言われたという記事を読んで、思い出したことがある。映画やロックでは表現として悪い言葉がたくさん混じっている。外国語を習得する外国人は、どこの国でも悪い言葉から覚えてしまう現象がおこる。興味半分に覚えるからそうなるのかもしれないが、学生時代にそのことがわからずアメリカ人を激怒させてしまったことがある。

当時、ウッディ・アレンの映画や本にハマって、よく出てくる人種差別用語を自然に覚えてしまっていた。それをかっこいいものとして暗記してしまっていたのである。学生時代シンガポールに行き、そこで知り合ったニューヨーク・マンハッタン出身の20代半ばのアメリカ人女性のサビーナと話をしていた。その名前と土地柄から、ユダヤ系の人と悟ればよかったのだが、当時は西洋系民族は見分けがつかなかった。

そこで著者がウッディ・アレンが好きなこと、彼の映画をよく見ていることなどを話したら、真っ赤な顔になり激怒された。「No, ジュ――イッシュ！」。2回言い直しをされた。ウッディ・アレン自身がユダヤ人であり、彼自身が自分を呼ぶ言葉が自虐的なものだと気が付いたのはずいぶん後になってからだった。それほどサブカルチャーから学ぶ英語を使いこなすのは難しい。

大学受験の参考書を暗記する

単語を覚えるには大学受験の参考書を暗記することだ。社会人になったら今度は

TOEFLの英単語を暗記して、大学レベルの英語語彙を習得するようにする。それで入学できるスコアが取れるようになったら、今度はタイムなどの英語雑誌の翻訳をしてみるなど読み解く練習を重ねることである。

そうしているうちに、単語が自然に頭の中に入り、会話で使いこなすようになれば定着していく。それから字幕付の映画を見るようにすると、英単語のトーンやニュアンスがわかるようになる。辞書だけ読んでいると、同じ日本語に翻訳されるため、英語での表現の仕方の違いがよくわからない。

そこで映画を見て、行動と言葉の使われ方を見ることによってその違いを理解する。たとえば、LOOK ATとWATCHは日本語では「見る」だが、LOOK ATは「じっと見る」、WATCHは「番組を見入る」ことであることがわかる。

【文法の弊害】

日本人ビジネスパーソンの英語学習では、必ず「文法」から入る方がとても多い。しかし、グローバルビジネスの現実では、「口語仕様」がほとんどであるため、「文法」が正しく使われているとは限らない。口語の英語が上手になるためには使われているままの英語を習得していくことがコツである。

Column 5 個人のサバイバル力を養う

STEP 2

キャリアビジョンを描く　その2

広報の仕事以外のマーケティングでは統計学や科学的な分析手法が必要になるため、グローバルにビジネスをやるためには専門分野の仕込みが裏付けとして必要になる。そして市場経験を積んで最終的には経営者をゴールとして目指してほしいと思う。

経営者となるゴールの実現は40歳頃が最適と思う。そのためには30代までに「どのように企画し、行動を起こすと、モノは売れるようになるのか」という基本を企業勤務で実践しておくことが重要である。

またミドルマネジメントをやらないで経営者になると、グローバルビジネスの場合は、その後のビジネス拡大の際に行き詰まる。あらゆる業界のあらゆるパターンの企画と市場戦略をこなし、それから最終的なゴールを目指してほしい。

そうすれば、ビジネスの立ち上げなどは、どれも応用ということがわかり、懐の深い実践ができるようになるだろう。

その視点で日本企業の経営役員層をみると現状では、多様な市場経営や実戦経験が乏しいと感じる。

2 実践的に身につける

～机の上ではなく、身の回りにあるものからこそ学べる。

映画を活用すると驚くほど進歩が早い

サブカルチャーでは、映画が一番いいと思う。同じ映画は3回くらい見ていると、原語で何を言っているのかがわかるようになる。そのくらいに映画は目覚ましい上達を引き出すことができる。わからない部分や掘り下げたい表現は、脚本を買って、和文英訳を読んで特別な言い回し表現を研究することも大事だ。

英語表現の背景には聖書の引用や教えが多数含まれている。そのため英語の文化背景までを深く理解したいと思って、著者は新旧聖書まで読んだ。今では宗派の聖人名や聖書の中の福音などの引用はすぐにわかるようになった。とくに旧約聖書の物語は史実としてリアル感があり、欧米のＴＶ番組ではよくドキュメンタリーや旅番組として特集が組まれている。

実際にイスラエルやヨルダンなど聖書物語の関係の土地を訪問すると、その史実に沿った遺跡があり、たとえば、マサカという土地で大虐殺があり、英単語の語源の意味としてmassacreになったというように深く英語の学習ができる。モーゼの十戒の話などは多数引用されており、映画「インディ・ジョーンズ」の脚本の原点にもなっている。

英語の詩を読んで覚える

英語の表現を高尚にしたいのであれば、英語の詩を読むと言葉の意味と韻のリズムが刻まれ、英語らしく口頭で表現する力を向上させてくれる。

最初は英語の歌詞を読んでいたが、そのうちきれいな表現が勉強したくなり、英文学の英語詩が最適と思うようになった。

My Heart Leaps Up

My heart leaps up when I behold
A rainbow in the sky:
So was it when my life began;
So is it now I am a man;
So be it when I shall grow old,

Or let me die!
The Child is father of the Man;
And I could wish my days to be
Bound each to each by natural piety.
- William Wordsworth

歌で丸暗記すると効果が高まる

どの言語でも歌で丸暗記したものは忘れないものだ。子供の頃に習ったいろいろな言語の歌は大人になった今でも思い出すことがある。メロディに乗せて覚えた外国語は記憶が風化しないため、語学の勉強法としては最適と言えるだろう。

ビジネス英語も、ミュージカルのように歌にのせて覚えていくと忘れることが少なくなる。ポイントは楽しい気分で覚えることだと思う。言語脳は左脳であるが、音楽にのせて覚えることで右脳も活用しながら暗記をしていくようにすれば、より効果が高まるだろう。

【ビートルズを歌う】

歌で英語を勉強するなら、ビートルズが一番いい。

Let it be は「あるがまま」、Long and winding road は「曲がりくねった道＝人生」、

Help=「助けて!」。身近で簡単でよく使う表現がたくさん歌詞やタイトルに出てくる。外国で助けを乞う時、この歌を聞いてHELPとはどういうトーンで叫ぶものなのか、心底よくわかる。

英語のビジネス誌や新聞記事を読むと語彙力が高まる

だんだんと英語ができるようになったら、毎日、毎週ごとに英語配信の記事を読む習慣をつけるようにする。一社ではなく複数の媒体をたくさん読んでいくことで語彙力をつけることができるようになると、ネイティブに近づけるだろう。

読解の習慣があると、英語がいつでも話して聞けるようになるから不思議だ。黙読することにより心の中で英文のシラブル（音節）を刻み、話しているのと同じ効果を保つことができるのだろう。そのため会話をしているよりはるかに高い英語力で対話をすることができるようになるものだ。

著者はこの訓練を数十年続けている。そのため数年間英会話をしていなくても全然言葉を忘れていなかった経験を持っている。それほど毎日読むという習慣は語学を上達させるのである。また、海外企業のニュースを読んでいると、日本企業とは違った考え方と取り組みを情報として知ることができ、たいへん有益と感じる。

【哲学を考える時も英語】

Tomorrow is another day　明日は別の日

人生の苦難に遭遇し、苦境に陥ったときは、毎日を過ごすこと自体が苦痛に感じる。そこで毎日を一日ごとに区切って非連続の意識で過ごすようにする。そうすればやがて苦境の気持ちから抜け出せることが多い。

「NO」と言う習慣をつける

英語で生活をするようになってくると、主張する時は英語に頭が切り替わることがある。何かをしたくない時に、日本に居ながら、つい「NO」と言ってしまうことがある。英語圏で仕事をしている時などに状況を置き換え、自分の中で、「NO」を言いやすくしている現象があるからだと思う。

このように言語を入れ変えると、人としての表現や心の感じ方を変えて表すことができるようになるため、気分転換がしやすくなる。英語に習熟するレベルまで至ると、日本語を話している日本人の人格と、英語を話している時の人格が築き上げられる。そして異文化を往復する度に切り替えることができるようになり、どこへ行っても異文化でのトラブルは回避することができるようになった。

ネイティブの発音で音読する

電話番号や人々の名前を暗記しようとするときは、できる限りネイティブの発音で音読し暗記したほうがよい。すると、同じ音読をすることによって記憶を引き出すことができるのである。

216 － 503 － 1234

Two one six -five-zero-three -one-two-three-four

これをにーいちろく、ごーぜろさん、ワンツー、スリー、フォー、とすると思い出せない。

なお、階層によって求められる語学力は左記の通り（TOEIC参考として）。

経営	ネイティブ	ゼロなら通訳付き
部長以上	５００点以上	
ミドルマネジメント事務職	５００点	
製造現場	１００点	

【上場企業の事例】

経営　ネイティブ

部長以上　ネイティブ

ミドルマネジメント事務職　710

製造現場　500

技術職は専門分野が英語で伝達できればOK

【英語とMBA】

米国勤務中に奮起して、フェニックス大学のMBA通信教育にチャレンジして見事学位を取得した会社員に出会ったことがある。アメリカでの仕事は大変だが、語学レベルがある程度になれば、残業も多くなく、夜学があればパートタイム学生として単位を取得できる。学費が高いので、高卒でいったん社会人になり、学費を貯めて、大学に戻ってくる社会人学生はとても多い。日本人勤務者で、長期に米国滞在で専門科目を勉強したい場合は、パートタイムカリキュラムを探せる。

また国内にいても、大学院のサマースクールが豊富にあるので、1週間だけ休みを取って勉強のために渡米するのもいいだろう。自己研鑽のための勉強がアメリカではたくさんできるので、よく吟味して、仕事をしながら専門分野の能力研鑽に努めることをお勧めしたい。

マイナー言語の習得も有利

これから語学を習得したいという人には、マイナーな言語を勧めたい。日本で10人くらいしか知らない言語を理解できると価値が上がるものだ。たとえＡＩが発達してもマイナー言語の翻訳はカバーされない。しかしビジネス上、無視するわけにはいかないという地域の言語を探して習得していると、あなたはその能力を高く評価されるだろう。

ペルシャ語は、マスターしておくとベンガル語、ヒンディー語とも共通の単語があるようだし、アラビア語は産油国で使えるし、広くイスラム文化圏でも使えるので便利である。

大事なことは「伝える力を磨く」

前述したように大事なのは語学そのものより、思考枠を合わせること、どんな人にも伝わるように話せる技術が必要になる。アジアでは、英語を使うと互いに外国人同士の会話になるので、シンプルに表現をして伝達するようにすると、大ざっぱでも意図は理解してもらえる。

語学力を向上させるためには、文法に気を取られていると伝達力が伸びない。ビジネス会話の文法で気を付けるのは時制（時間の新旧の軸）である。時間が今のことなのか、過去のことなのか、過去から現在に続いていることなのか、時間の所在が明確にならないと、ビジネスの話は成立しない。英語の場合、外国人同士で話す場合とネイティブが話す表現にはかなりの乖離がある。そこで伝達力を上げる方法を考えることで100％意図を伝えるコツがわかる。

実践1：5W1Hを使いこなす

職場やプライベートな生活をするうえで欠かせないのが5W1Hの利用である。どこの地域でも仕事や生活をする時は最初にその土地の言語で5W1H＋how much（いくら）を覚えることだ。聞いても相手の回答がわからない場合、筆談、絵、図チャートや身振り手振りで理解できると、問題なく暮らせるようになる。

仕事では、グローバルに展開している企業ほど、絵・図チャートを多用し、伝達能力を上げるようにしている。またものの言い方や伝え方においても、海外仕様の思考枠でシナリオを作って、最初からコミュニケーションの型押しをして習慣づけし、グローバルコミュニケーションの統一を図っているところも多い。

実践2：短文で話す癖をつける

外国人との英会話では、「主語・述語・目的語」といった形の短文で説明する習慣を身につけることだ。文章は、関係代名詞を使うと文語的になり、長文表現に慣れていないと間違った方向に伝達するリスクを抱えることになる。

余計な修飾語を省いて練習し、だんだん表現を付けられる余裕が出てきたら「小さい大きい」「少ない多い」のような形容詞を付けるなど詳細の表現で伝達をできるようにしていくことがコツである。

【確実に伝えるためのスキル】

一番最初に、何を言いたいかを最初に伝える癖をつけると、グローバル社会で意図どおりに物事を遂行できるようになる。

「こうしてほしい」「こうやりたい」を常に明確にすると、相手から「OK」か「NO」が返ってくるのでわかりやすい。

例えば、海外の仕事で不満ばかりこぼすマネジメントがいる。

「仕事ができない」なら「ここまでやれるようにしてほしい」と伝える。まだ不十分なら「どこができていないのか」を分析する。原因を確認したら「対策」をとる。

「やりたい」レベルに仕事の質は必ず上がっていく。

Column 6 個人のサバイバル力を養う

STEP 2

キャリアビジョンを描く　その3

グローバルビジネスでは、企画案を入念に練り、仮説検証の段階になると、ほとんど答えが即、確認できるようになる。仮説修正をかけながら、市場を獲得できる方向性が読めるようになるものだ。

こうしたキャリアビジョンが描けていないと、企画の達成は難しいだろう。また能力の仕込みも継続していかないとゴールにたどり着くことはできない。また困難にぶち当たったり、成長が伸び悩んだ時、背中を押してくれるのが、あなたのキャリアビジョンなのである。

明確なキャリアビジョンがあると、足りない能力を埋め、新しい企画が達成できる道筋を考えながら、仕事を実践することができる。

仮に1度目でうまくいかなくても、何度かチャレンジをするとできるようになる。

「どんな職種」で、「どんな能力の仕込み」をし、「どんなレベル」の仕事をしたいか。

グローバルビジネスでは時間内にやり遂げるためには具体的で詳細な計画が求められる。

第5章

海外でしっかり成功できる「自己・組織のマネジメント」

SELF-MANAGEMENT IS SUCCESSFUL KEY

1 「善悪の倫理」の軸がぶれない

～収益獲得につなげていく組織行動とマネジメントに必要なこと。

西洋型組織行動に沿って運用する

海外法人の組織行動、そしてマネジメントとコミュニケーションは海外勤務者にとって最も大事な点である。ここでは海外に不慣れなスタッフやマネジメント職の人を対象に現地事業者との取引先において問題の起こらない対処法についてわかりやすく説明したい。

グローバルビジネスでは、組織行動のイロハが国内とはかなり異なる。自社の海外法人であっても、日本同様のカルチャーで現地法人を運用していたのでは収益が高まることはない。

90年代まではアジアでも日本式の組織運用が通用したが、今は西洋型組織行動に沿って運用しなければ、現地の従業員を動かし、収益性を高めることはできない。また現地企業の取引においても日本式の組織行動や思考は理解されないことが多い。

そこで本章では、自社の海外法人勤務や外国での市場開拓を行う際に、どのような形で現地人のチームをまとめ、企画案件を遂行し、収益獲得につなげていけばよいのか、汎用的な組織行動とマネジメントのあり方について話したい。

【「日本式の報連相をやらないと…」という思考は誤り】

海外では課題を与えて考えさせるマネジメントが主流であるため、日本式の報連相はやらない。教えてばかりいたのでは「実がとれない」うちに退職されてしまう。苦労して覚えたものは、「(それを)使って収益を上げないうちは辞められない」という心理が働く。辞めさせないために、報連相を禁じるのである。

海外の人材育成は、個人の自主性に任されている。

国内では「報連相」で上司に思考を支配されるため、個人の「善悪」の判断が発揮されない。これからは他人に思考を支配されることなく、自身の培った思考と判断で確かな結果を打ち出すことが必要である。

2 「家族のチカラ」を最大限に生かす

～単身赴任自体が最大のリスク。問題が大きくなる前に手を打つ。

酒、オンナ、バクチになぜ溺れるのか

著者は1990年代以降、海外市場に勤務する日本人を数多く見ている。皆さん、一見マジメそうに見えるが、案外そうでもない。とくに東南アジアでは何十年経っても、酒、オンナ、バクチなどの倫理に抵触する遊びがなくなっていない。最悪のケースは会社のカネの使い込みや、（国内でニュースにはならなかったが）殺人など、刑事事件にも発展したケースもある。では、なぜこうした倫理問題は頻繁に起きるのだろうか？

背景のひとつには、男性社員には単身赴任というライフスタイルがあるためだ。海外人材要員の不足から、どうしても現地長期勤務になりがちなために、様々な問題が発生する。そのため従業員を送り出す企業も、現地での生活を安定させるためには家族との関係

を長期で切り離すことなく、国内出張の機会をまめに入れて、帰国させる機会を作る配慮が欠かせない。

国内には、家族がおり、コミュニティがあり、日々のストレス解消もすることができるだろう。しかし、海外では家族はおらず帰宅後に話す人もいない。またコミュニティにしても仕事関係者以外おらず、そのため、夜の街で酒を酌み交わしながら、女性と話をする機会が増えてくる。その結果、一線を踏み外す人も出てくるのである。

家族を呼んで旅行に出かけよう

一方、倫理に抵触しない人はどのように日常を過ごしているのだろうか?

現地勤務の期間が3~5年あるとしたら、まずその国の歴史を学び、遺跡史跡を訪ねて文化的な見識を深めようとする人が多い。それによって現地の言葉も徐々に覚えるようになり、その国の国内旅行を楽しんでいる人も多い。

フィリピンやインドネシアであれば、島々がたくさんあるので週末旅行が楽しめる。また東南アジアからオセアニアに行くにしても近距離なので、まとまった休みがあれば訪問は可能となる。海外に居住するということは、日本ではできない行動がたくさんできるチャンスなのである。タイ、シンガポールに拠点があるのならインドや中東にもすぐ行ける。

日本から家族を呼んで、一緒に過ごすことができるようになると、海外に居る時にしかできない企画をどんどん立てて、家族の思い出をたくさん作るようになるだろう。毎年の家族旅行が楽しみになり、現地勤務の励みにもつながる。

イマドキはグローバルな時代なので、お父さんやお母さんが海外勤務をしていると子供に尊敬される。ぜひ、子供たちには海外の環境を経験させて、その時にしかできない時間を過ごさせてあげてもらいたい。

しかし、海外勤務をしている場合、時として妻から協力が得られない場合がある。長年海外にずっと一人で、寂しそうにしている勤務者に出会うことがある。そんな時はどんな旅行企画であれば、家族が受け入れられるかを聞いて旅行の段取りをしたほうがよいだろう。

繰り返される、某日本企業・北京所長たちの悲劇

妻の側にも、家計を支えている夫がどんなところで生活しているのか、確認の意味も込めて、現地訪問することをぜひお勧めしたい。アメリカ人の夫が海外に赴任する場合、たとえば中国大陸に行くにしても妻も子供も同行することがほとんどである。

逆に単身で行った場合、国籍を問わずどこの国の男性も、現地女性に寝取られた結果、離婚をしているケースも多い。

１９８０年代～90年代にかけて単身赴任をしていた大手日本企業の北京所長という役職

にいた人々のなかにはこうした事例が数多くある。ある所長は定年を間近にして、現地女性を妊娠させてしまい、日本の家族と別れるように脅され、結局離婚してしまった。あるいは現地の女性と一緒になり、その後も日本に帰国することなく、中国大陸で新しい現地家族と生涯を終えることを決めた男性も多い。

人生はそれぞれだといえばそれまでだが、日本人男性の人生を狂わす出来事が、少なからず、海外勤務では起きていることを記しておきたい。

横領に走る海外駐在員には共通項がある

女性問題の次は、横領である。大手の海外法人勤務者の場合は、なんらかの相互監視を社内の仕組みとして取り入れる必要があるだろう。既存の海外法人では監視が入っていると思ったほうがいい。防止するには現地語で書かれた領収書は、全部現地の経理に管理させるほうがよい。90年代に現地の領収書を日本の経理で管理していたため、パンツの請求まで会社にしていた勤務者がいた。横領や私的流用・使い込みの背景にあるのは、ほとんどがオンナの問題かバクチである。

そういうときの加害者の心理は「長期での海外法人での企業勤務にうんざりしている」「生活そのもの、生きていることに対して、嫌気がさしている」など、自暴自棄になっている場合が多い。そのような厭世的な状況が出てきたら自ら帰国を願い出ることで未然に防止することができるだろう。もちろん、会社も申し出を受けたら、即刻、帰国させることである。

【オンナ、バクチは会社の責任】
駐在員がオンナ、バクチに走る原因を作っているのは企業である。単身赴任になると家族と長期で離れ離れになり、絆を断ってしまうことが、その社員の人生をどのくらいゆがめてしまうか。日本人は勤勉だが、個人の勤勉に甘える時代はもう終わった。

セクハラ、パワハラは重大な事態を招く

そのほかの現地駐在員が起こした過去の不祥事でよく指摘されるのが、日本企業の各種ハラスメント系の行為に対する善悪倫理のなさである。

では、どのような特徴を持つ企業で起こるのだろうか?

男性が中核的役割を担い、猛烈社員型の日本の伝統的大企業が多い。過去数十年にわたり、海外でその企業名を聞いていつも驚いている。セクハラ系のトラブルは、国内でも未だにゼロとはいえないが、女性が活躍する職場が増えれば、海外でのセクハラも減るのではないだろうか。

日本企業の海外法人では、現地女性従業員と性的関係を持ち、不倫トラブルになるケースに遭遇する。そうなった場合は日本へ帰任させることが一番だと思う。

また、経験の浅い現地でマネジメントの日本人がよく起こすのがパワハラである。国内の職場では、部下が上司を批判する場面は比較的少ない。だが、とくに大陸系の職場はそうではない。個人が思うことはなんでも上司に言ってくるのが普通であり、ときとしてパワハラに及ぶ日本人上司も少なくない。

日本企業の職場では、上司に人事権のないところがほとんどであるが、海外法人では上司が昇格・昇給の権限や雇用権限も持っていることが多い。そのため現地の従業員から賃上げの要求や昇進昇格の打診や希望など、たくさんの個人案件が相談として持ち込まれる。中国大陸などでは、顧客がいる前でも「私の給料、あげてください。そうでなければ、私辞めます」というような要求が頻繁にある。たとえば上司に一日中言い続けたり、廊下や食堂、トイレの中までもついてくることもある。

そのため、日本人マネジメントも対抗措置として、ときには権限を行使してチームから外したり、即刻解雇通告を出して追い出してしまうこともある。しかし、やりすぎるのは禁物である。最終的手段に出る場合は、事前にどこまでが許容範囲で、どこまでが裁判沙汰になるゾーンなのかをよく見極めてから冷静に対処することが必要だ。

【海外法人の離職率を下げる方法】

日本企業の海外法人の人材育成は手厚い。そのため、とくに東南アジアでは仕事を仕込んでもらうためだけに、日本企業に入社してくる人材がたくさんいる。退職を抑止するためにはどのくらい費用を投じて教育しているかを説明し、その費用が返るまでキチンと働いてもらうように説明をして教えることだ。

自分にそれだけ価値がある人として会社で扱われていることに、満足を感じてもらえたら人は長く勤務する。

【アジア各国でのキャリア観は様々】

インドの人材ビジネスには「研修」がない。

最初から、長期就労する伝統スタイルではなく、個人のキャリアディベロップメントに重きを置いている。

フィリピン等、他の東南アジアの国々では企業研修があるが、最小限である。キャリア開発では、個人主体で進められ、企業はどこまでできたかを管理し、選りすぐりの人材だけを残すため、良い会社では自然に「長期勤務」となる。

Column 7 個人のサバイバル力を養う

STEP 3

経営学を勉強する

30代のうちに経営学を勉強しておくことを勧めたい。最初に学んでおきたいことはマーケティング、管理会計、財務である。その知識があると、商品とお金のリソースの仕組みがわかるようになる。人材マネジメントに関しては会社員時代に実践しているのでわかりやすい。ただし、グローバル実践では、HR（人的資源）の勉強が必要である。

最終的にはどのビジネスも人が行うため、多国籍な人々の違いを理解しながら、どのように日本人とリンクするとベストなのかを理論的にも実践的にも理解しておく必要があるからである。

現場以外の勉強で役に立つものは、経済学である。

グローバルビジネスではマクロ経済の動き、為替、株式市場とすべてお金に関するイロハがわからないと、経営投資することもできない。グローバルビジネスでの仕込みは経営者をゴールに考えて、どんどん専門分野の知識を増やし、実践していくと、ファイナルゴールに到達できるのである。日本では経営もでき、投資もできるマルチな経営者がまだ少ない。これから経済の先を読んでの経営のかじ取りが必要になってくる。

3 口が堅い

～自分がいかに注目されているかを自覚し情報は自らが管理する。

現地に対する情報提供の範囲は事前に決めておく

国内勤務の場合は、会社では、自由にどこの誰とでも何でも話すことができる。それは新卒一斉入社や長期雇用という日本的雇用関係では仲間意識が強くあるからだ。

しかし、海外の職場はそうではない。現地従業員の離退職は頻繁にあり、人の出入りが激しいため、日本の職場のように内部情報の安全性が保障されることはない。海外勤務者は本社のいろいろな情報に直結しているポジションにいるが、本社の話は現地では許可された範囲内で話すようにしたほうがよい。なぜなら海外では従業員の離職とともに会社の情報が外に持ち出されるリスクが高くなるからである。

同じように投資先や合併先企業へ出向した場合、現地に対する情報提供はどこまで出すべきか、本社からあらかじめ指導を受けておくことが賢明である。面倒ではあるが、そのほうが会社間の諍《いさか》いに巻き込まれなくてすむのだ。また、海外投資家もたくさんいるので、上場企業の社員は株式市場に影響を及ぼすような重大情報をぺらぺら話すとインサイダーの手引きと疑われやすい。

技術情報の〝出し〟も〝入れ〟も罪になる

なかでも、情報の取り扱いで最も注意しなければならないのが製品や技術に関する情報である。じつはこれらの情報は長い間、簡単に垂れ流しにされてきた歴史がある。現在は不正競争防止法（産業スパイ法）の順守が義務付けられ、技術情報の〝出し〟も〝入れ〟も罪に問われるようになった（**図8**）。

現地従業員の採用時には、雇用契約書を交わすだけではなく、退職後に関しても情報流出で不利益を被らないように文書化して取り交わしておくことが賢明である。先進国でもアメリカでは、競合他社に転職できない規定を設けている企業もあれば、州法にそういう規定もある（**図9**）。人を採用する際にはそうした規定に抵触しないかどうかを弁護士に事前確認するとよいだろう。

さらに現地の公務員との情報のやり取りも同様に気をつけてほしい。日本では公務員から自社のビジネスについていろいろを聞かれることはないが、海外では公務員からビジネス取引の話を根掘り葉掘り聞かれることがある。もし聞かれたら、企業機密を理由にすれば、答える必要も義務もない。日本では考えられないアプローチをされることが多いので問われても口は開かないか、聞かなかったような振りをして回答不能状態にしてしまうと防御しやすいだろう。

【エピソード：本社の情報は株式市場に即反映】

海外法人で日本の本社の話をしないほうがいい理由として、株価などに影響を与えかねない内容が多数含まれているためだが、日本人の社員はどちらかというとそういう社内情報に無頓着である。米国や中国大陸にある企業の社員は朝の「おはよう」と同じくらい株式投資の話題が挨拶代わりで、生活の一部になっている。

株式の知識豊富な現地社員に、日本の上場企業の社員が本社のいろいろな話をすることは、結果インサイダー取引を引き起こすことになりかねない。そのため、余計な話をしない。知らないところで、株価が変動したのでは、会社の経営が〝神の見えざる手〟にゆだねられるような危うさを引き起こす。

また経営悪化のような場合は、現地でリストラのウワサが持ち上がり、現場の仕事に問題を引き起こすリスクも抱える。何事も決まるまでは情報は腹の中に持っておくことが、安定した管理をするためには必要なことといえる。

図8

不正競争防止法

1 民法との関係：不法行為法の特別法

民法第709条→不法行為による損害賠償請求権

「故意又は過失によって他人の権利又は法律上保護される利益を侵害した者は、これによって生じた損害を賠償する責任を負う。」

不正競争防止法→差止請求権の法定

2 知的財産法との関係：知的財産法の一環

「不正競争」に該当する行為の規制（=行為規制）により知的財産の保護等を図る

cf.産業財産権法等（特許、実用新案、意匠、商標）は客体に権利を付与するという方法（権利創設）により知的財産の保護を図る

3 刑法・刑事訴訟法との関係：贈賄及び営業秘密に係る不正行為の処罰による補完等

詐欺罪、贈収賄罪、窃盗罪や横領罪等の補完

法人処罰に係る公訴時効期間（法人処罰の基となった個人の罪の時効期間まで伸長）

営業秘密侵害罪に係る刑事訴訟手続きの特例

4 独占禁止法等との関係：競争秩序維持の一翼

独占禁止法…「公正かつ自由な」競争秩序の維持

景品表示法…一般消費者の利益の保護（一般消費者による自主的かつ合理的な選択）

JAS法・食品表示法…農業生産や食品生産の振興、消費者の利益の保護（取引公正化、消費者の選択 等）

出所：経済産業省資料

図9

米国には競合不採用の州法がある

New York
Massachusetts
Illinois
Florida
Texas
Michigan
New Jersey

上記７州は、雇用契約締結において、競合他社への転職を禁じている州法があるので、事前にトラブルにならないように注意する

＊ただし、専門家に直近の判例はご確認ください。

海外現地法人では口が堅いこと、親しい仲でもみだりに情報を流さないことがルールとなっている。海外企業の多くでは、個人の職務範囲と明細が決められている。上司と部下の縦の関係だけで、平素の業務に関する相談や仕事に関する話は完結するルールがある。その原則の下、海外現場の組織では、決められた範囲内で情報をやり取りすることが万全とされている。

部署の失敗を他部署に話すと即刻クビ⁉

日本と同じように、あちらこちらの人に自分の部署の失敗や問題事項を話すとどうなるだろうか。上司が外国人である場合は、現地人なら即刻解雇になるか異動させられるだろう。日本人であれば即帰国もしくはコテンパンに怒られる。海外の成果主義は、上司は事業達成のミッションを果たす義務を負い、達成の実績を踏まえて、雇用契約が継続される。もし部下がミッションを達成できなければ、上司の雇用を危うくさせ生活の危機を招くことすらある。その結果、こっぴどく叱責を受けるのである。

海外の現場では、上司が失敗の未然防止を果たす役割を担っている。部下からリスク報告が事前になされない時は解雇通告もあり得るのだ。チームジョブでやる以上、失敗や問題が発生しそうなリスクがある場合は、事前に上司に報告を入れると同時に何としてでも達成できるようにしなければならない。しかもそれらの報告内容は上司と自分だけの秘密として守ることが義務付けられている。自分の上司以外にチームや部門の失敗を吹聴した場合は、人間関係にひびが入るか、トラブルを起こすことにつながる。その結果、恨みを抱かれて、仕返しをうけることもあるのだ。

イギリス・ロンドンの金融街では、恨みから〝闇討ち〟に遭うという話を聞き、世界中どこでもこのような恐ろしい行為があるのだなと驚いたことがある。人のタイプにはいろいろある。相手をよく観察し、感情の琴線に触れることは避けたいものだ。

【例外：不祥事悪事発見時の対処、社内通報の在り方】

ただし、不祥事悪事の発見の際は、例外である。最近の日本企業法人では、人に対する無関心が行き過ぎ、相互監視の機能が働いておらず、社内の不祥事などが見逃されがちである。不祥事や悪事は、企業そのものの存在を危うくさせる。企業にダメージを強く与え、最悪は倒産に追い込まれる。そのままにしていたのでは永遠に組織がよくなることはなく、収益性もよくならない。

万一、社内で悪事を確認した場合は、本社法務部に一報を入れることである。その通報を受けながら隠ぺいを図るような会社だったら、即、著者は退職を促す。悪事を働く人間が誰であろうとも、通報は義務である。しないほうが無難と考えるのは間違いであり、営利組織として繁栄することはない。そんな会社には未来はない。

4 「流れに沿って生きる」対応をする

～現地の中に溶け込み、違いを認識し、無理強いしない。

徐々にその国の生活に溶け込む

グローバルビジネスの研修をやると、国別での対応を求められることが多い。しかし、実際はそうではない。どこに行っても同じ人間社会なので、人に向かい合うというコンセプトを基本に、汎用的な対応の仕方を紹介するようしている。

まず新しい土地に行ったら、人々の暮らしや生活を観察することから始める。衣食住はどのように営んでいるのか、散歩をしながら、家の建て方、暮らし方、食材などを見て、どんなものを食べて、どんな暮らしをしているのか――。日常を知ることから始めるべきだろう。

マーケットなどに立ち寄り、食材ですぐ食べられそうなものを買い求め、食べてみる。

そして街の人と話をしてみる。そうすると徐々にその国の生活に溶け込んでいくものだ。それから職場に行き、現地の従業員の人とあいさつを交わし、人々の行動を見て、業務での動きをよく観察してみることだろう。

日本の習慣との違いを観察し、学習する

その際、日本での習慣や仕事のやり方を軸に、違うところはどうして違うのかを探るようにしていくと現地の理解が早くなり、行動の適応が早くなる。考え方も同様。日本ではこう考えるが、海外ではこうであるという違いを知ることだ。これがなかなかおもしろい。たとえば、オレンジの皮の向き方。へたの部分を丸くカットして、球体面に一つ切れ目を入れると、するりと向ける。日本では給食でよくみられるように、夏みかんの球体を4つにカットして皮は四半分の状態からむくのが普通だ。バナナも、へたの部分からむくか、先の部分からむくか。果物の皮むきだけでも、議論ができるほど、やり方が異なる。

仕事も同じだ。返品の製品の確認も、箱ケースで数えて、破損部分だけを目算するやり方もあれば、一つ一つ数えるところもある。そのとき、なぜ、こういう数え方をするのかを聞いてみる。そして自分たちのやり方を紹介して、どちらがよいか、効率的なほうを選ばせてやらせるとよいだろう。

その際、「時間はマネーである」という価値をきちんと説明することが大事であり、効

率的なやり方とビジネス上の価値を相手にわかるように丁寧に教えることも必要だ。

日本のやり方を無理矢理、強制しない

一方、現地で日本人のやり方を教えても変化しない時もある。それは文化的な行動や考え方の違いが原因であることが多く、逆に強制すると摩擦を起こす場合もある。そんなときには、なぜそういう行動や考え方をするのかを教えてもらい、なるほどと理解を示すことが大事であり、そのうえでこういうやり方がいいのではないかと提案してみる。理論的な裏付けがあれば行動が変わることもあるが、アジアでは迷信的にそうやらないというものもあるので、その区別と限界を理解することが必要だろう。

日本のやり方を無理矢理、強制してもうまくいかないし長続きしないことが多い。その場合はなぜやるといいのかを相手に理解させ、納得を得る必要がある。

日本人にしても、現地のやり方がその土地にフィットしていると思うなら、現地流のやり方を維持するほうが得な場合もある。つまり、日本式に固執しないで臨機応変に、メリットがあると考える方向で進めていくことが大切である。

【郷に入れば郷に従え】

異文化理解とは、その土地の人々と同じになることである。逆に外国に行っても日本

人のあるがままでいるほうがおかしいと感じる。日本人の海外順応は他のアジア人よりも発達しているという研究報告がある。

たとえば、日本人は移民するとその土地の人間になり、日本人であるという原点がほとんど見られなくなる。他方、韓国移民は移民先に行っても韓国人であり続け、中国人も中華街を作り中華社会を維持し続ける。日本人は同化能力が高いため、逆に日本人としてのアイデンティティを失わないようにする努力が必要な部分も多々ある。

【アジアでは人にだまされるほうが悪いのか?】

海外では人と向き合うときは、言葉だけに集中するのではなく、「なぜか」と意図を考えながら、人の話を聞くようにするとだまされない。

これまで多くの国々で彼らのビジネス・商売に向き合ってきたが、ある一つの法則がある。

「世の中にうますぎるシナリオなど、例外的にあるわけがない」。

現地での手配を自分でやるのが大変で、自分が楽をしたいがためにあえてだまされて損をすることがある。それでも楽な道が必要な時がある。

一時的な損で得をつかむ……そんなだまされ方を勧めたい。

5 多様な価値（ダイバーシティ）を受け入れる

～偏見をもたない。人間関係では信頼を得ることを心掛ける。

どんな人も人として受け入れる

日本でダイバーシティの意識は、まだなじみが薄いだろう。グローバルビジネスでのダイバーシティとは、偏見をなくすこと、多様な人々の価値を活かすことと定義している。世界の人間社会は、人の考え方、表現、意見の出し方、考えるプロセス、感性などすべて個人によって異なる。

日本では、女性の活躍躍進や障害者の社会進出がダイバーシティと思われがちであるが、世界での定義は広くゲイを含むLGBT（レズビアン、ゲイ、バイセクシュアル、トランスジェンダー）まで入る。ジェンダーにも異変が生じ、ゲイの人々の受け入れができる環境を日本企業も整えていかなければならない。

基本的な考え方として、どんな人も人として受け入れられるように、また外見から先入観を持たないように、あらゆる偏見（バイアス）を取り除くことがダイバーシティの基本的考え方である。また、多様な人々の考え方から何か新しい価値を見つけることがダイバーシティによる企業価値創出につながるのである。

女性に対する偏見や差別が世界でも横行している

グローバルビジネスにおけるダイバーシティとは、いろいろな規制を壊し、受け入れることを促し、価値の多様性を製品企画に取り入れたり、狭いものの考え方を広げて多様化していくことを指している。

米国ではダイバーシティの視点を持ちながらビジネスを実践してみると、多様な人々（男女共に）と接して受ける様々な偏見は、国内で日本人男性から受けるよりも幅が広く大きい。前段でも述べたが、アジア系女性はビジネスができない、資産が少ない、経営者として力量が小さい、職種もアシスタント的というイメージがあるようだ。それが偏見と呼ばれるものである。

実際に商談をすると、そうしたことに遭遇する。共に行動しているEU系の男性がプロジェクトリーダーと思い込み、相手は最初に彼に挨拶し、それから私に挨拶をする。そこで自分が本プロジェクトリーダーであると説明すると、商談相手は数秒間きょとんとした顔をし、それからマインドセットし仕切り直しで、商談を継続することがよくある。

またインドでは、調査で訪問した店のオーナーから、同行のドライバーの男性が主人で私は妻かと聞かれたことがある。ドライバーが、自分はサーバント（雇われている方）で、彼女が雇い主だと説明していた。つまりビジネスをしようとする際、初対面から外見に対して偏見があったのでは、ビジネス効果が少なく、悪影響を及ぼすことが多い。それを改めようというのが、米国発のダイバーシティの考え方である。

逆に、日本人が行うダイバーシティな教訓もある。東南アジアの女性に対して起こり得るパターンだ。一度政府系のイベントに参加した際、インドネシアの前政権で大臣を行っていたという小柄な女性が招待されていた。その方が自分から「元大臣です」と自己紹介をしなかったこともあり、また威厳的な立ち振る舞いもしなかったので、最初は元閣僚と認識できなかったことがある。

日本の女性閣僚経験者は俗にオーラと呼ばれるカリスマ性を感じさせるリーダー力が強くあるので、すぐにその立ち振る舞いや言動から認識できる。自身のパフォーマンスも相手の偏見を除去するためには効果的であるのだ。

相手から「この人は信頼できる、頼りになる」と思われる

米国では、マネジメントから経営者に至るまで、面談をすると必ず女性が数名混じって

くる。日本の女性管理職は今でも数%であるため、著者が30代の頃は自分しかいないことがほとんどだった。そのため海外で打合せを行う際には、大人しくしないで、自分からアジェンダに関して確認が進められるようにリーダーシップを取るようにしたものだ。また複数の意見が出た場合などの取り纏めや方向性の定めなどをしながら、有益な面談時間になるように最大限の努力を払うようにしていた。

ダイバーシティの定義を深く認知してもらうためには、実践で相手に与える印象が大事になる。「この人は信頼できる、頼りになる」……そう思われることが最も重要であり、相手にダイバーシティという価値を理解してもらえるようになると、相手の認識を変えることができるのである。

【ゲイとの接し方】

会社の職場での接し方だが、あくまで個人的な事であるため、ビジネスの場ではプライバシーとして扱われることがほとんどである。したがって海外でも表に出てくることが多くない。

逆に会社として、してはならないことを知っておく必要がある。仮に、本人からその事実が明らかにされても普通に取り扱い、いじめなどが発生しないように会社はゲイを認知していることを示しておくと良い。そうすれば公になっても人権を脅かされず、一人の人として勤務をいつも通りに継続することができる。

【宗教のダイバーシティ】

日本ではあまり知られていないが、米国にはたくさんの宗教事業がある。選挙の際にも宗教色はいろいろ反映されるようだ。著者も90年代に長期勤務をした際、クエーカー教徒の話、マサチューセッツ州に到着したメイフラワー号の話を見聞し、新大陸の歴史を学ぶと共に、様々な種類のキリスト教徒の存在と対立があることを知った。

他方、現代の米国には無宗教の人々も多数おり、日本人と変わらない。ロンドン市長にイスラム教徒の移民がなったように、今世界では宗教的なダイバーシティという動きもみられる。

【宗教と食事】

グローバルに商談をしていると食事を共にする機会がよくある。アメリカではパワーランチ（仕事の打ち合わせを兼ねたランチ）は日常的に行われているので、相手の好みはよく聞いて段取りすることがポイントになってくる。

海外で食事をするときは必ず相手の好みを確認する習慣を身につけよう。

第6章

効率的にきちんと進める「仕事・リスクのマネジメント」

ALL RISKS ARE CAUSED BY PEOPLE

1 「チームみんな」で仕事ができる

～約束を守らないことがプロジェクト全体の足を引っ張る。

まずゴールを確認し、実行する

海外にまだ慣れていないうちは、姿かたちなど外見に惑わされ、見た目に対する心理的な影響や思い込みが、コミュニケーションにも影響する。

しかし、見た目でなく、相手の思考の理解に注力し、考え方を理解することにすべて集中すると、人の見た目など気にならなくなるものだ。思考理解優先の対人意識を作り上げることが、グローバルビジネスでは大事である。

著者は、よくこんな質問を国内で受ける。

「なぜ、外国に行って初めての人とすぐに仕事ができるのですか？」。このように答えるようにしている。仕事では最初にやるべきゴールが決まっているので、どのように目的に向かって仕事を段取りすればいいかを考える。ほしい答えがわかっているので、段取りを忠実に行い、仮説通りに結果が引き出せるように仕込む。そのためには、最初に全員で仕事の内容を100%理解してもらう。仕事のやり方をシナリオ化し、仮説通りに実証していくのだが、その段取りを多国籍チーム全体で肉付けし実行に移していく。

海外のプロジェクトで大赤字を出した企業の配信記事をよく目にするが、その原因は現地チームの仕事の段取りが不十分であることが多い。日本語の説明は、曖昧な部分がとても多く、英語に翻訳すると思考理解が完璧でなく、暗黙の理解が随所に点在し、非常にわかりにくい。その場合は、ゴールを確認し、その実証のためにはどうやると良いかを考えると、海外仕様の思考枠にぴったりと合い、現地のチームメンバーにジョブの説明をして100%の理解を促すことが可能となる。

チームみんなで仕事ができるためには、段取りが欠かせない。まず、プロジェクトメンバーを決め、一人ひとりに担当すべきジョブの明細を決めて、進行確認のルールを決める。それから問題のあるリスクが発生した際の連絡の入れ方、その対策の取り方など、最初にプロジェクトを始める前にすべてをルール化することが大事である。

日本人の段取りはこの最初の準備が足りていないことが多いので、進行後に様々な問題と追加コストが発生することになる。海外のプロジェクトはコストも遅延も限りなくゼロに近い運用を行うことが求められている。

【実践：海外プロジェクト運用】

日本と一番違うのは、海外のプロジェクトではリソースを一から段取りをしなくてはならない点にある。まず必要な能力を持っている人材を確認し、集めて、時間内に目的の仕事が必ずでき上がるように段取りを行う。

ビジネスプランを考え、その内容に見合う、人の配置、費用コストの集積、時間と計画の内容詳細を練り、実行に移す。海外の場合は、進行表に沿って、確認するタイミングを決めて、一人ひとりの作業内容を固め、個別に完成させていく。その際、能力が合わないと個人の進行の足を引っ張るし、でき栄えが不十分の場合は手直しをしなければならず、チームトータルとしての進捗を妨げる。そのために確かなリソースをまずそろえることが肝心となる。まず能力要件を確認し、過去の学歴状況を調べ、マッチングできているかどうかを調査する。それから作業計画と完了できるまでの時間をあらかじめ確認し、無理のない範囲でできるように段取りを組む。万一間違いが発生した場合などは徹夜をしてでも決められた納期は守らなければならない。

進行は、マイルストーンと呼ばれる期限で、全員の進捗確認を行うが、そこで一人でも進行を妨げると余計な時間とコストを発生させる。問題解決が済むまで、チーム全体の進行は一度止めなければならないため、どのプロジェクトでも時間と闘いながら完全な仕事を進めていく。チームの進行を妨げるものは途中で解雇されることもあるので、人の能力不足の問題は厄介となる。通例はそうならないように個人の職務義務は１００％遂行が採用条件の前提となっている。マイルストーンで積み残しの内容には、番号が振られ、全体進捗を妨げるため、途中積み残しは原則行わない。積み残し番号がないことを常に進行確認上はチェックしていかなければならない。

時間を厳守し、コストを守るためには、チーム全体の仕事のでき栄えで左右され、一人ひとりが独立管理できないと遂行できない。とくに多国籍で行うためにはあらかじめ能力レベルをそろえて、コミュニケーションを密にしておくと、チーム全体の管理が可能となる。多国籍で一番問題になるのが、職務明細確認の不備であったり、チーム内でのコンセンサスを取るための声掛けであり、対話不足が発生するとプロジェクト全体がぎくしゃくする。あとはゴールを果たした時のインセンティブ（報酬）が重要なモチベーションとなり、リーダーがきちんと仕切ってチーム全体でやり切ろうという機運が高まる。最終的に粗削りでも仕上がったら、見直しする時間を十分に用意しておく。完璧にするためには課題に番号を振り、常に課題を潰して、パーフェクトになるようにする。海外の仕事は完璧が原則である。

このやり方が身につくと、国内ビジネスでも時間内に計画どおり仕事が遂行できるようになる。要は「仕事の段取りが甘いと完璧な結果にならない」ということがよくわかる。

2 人材育成でのコミュニケーションはここに注意

～仕事の基本は個人対個人。ただ日本人同士は情報交換しておく。

人材育成は国内とどのように違うのか。基本としてまず仕事の流れを説明する。外資系の場合はマニュアルが用意されているので、それを見ながらやるのが普通である。「教えてくれる」「仕事の引き継ぎ」ということはまずない。まずそのやり方に慣れるのが最初になる。

後は人々の行動を観察し、どのようにやったらいいのかを知る。またチーム運用の場合はどんな問題が発生したら、どのように解決すると良いかを考え、どこの誰に何を伝達したらよいのか、対話のルールの確認をしておくことが必要になる。

外国人上司との対話の注意点

上司との対話の取り方、報告の入れ方も重要だ。与えられた仕事の遂行途中でも、問題やリスクが発生しそうになった時は声掛けをする。それ以外の仕事については自分で黙々と地道にこなしていかなければならない。日本のようにいちいち報告・連絡・相談はせず、受けた仕事は自力でやり遂げる必要がある。

仕事を教えるという行為もない。そのため、上司に仕事のやり方がわからなくて相談をすると、「これこれを見て勉強しなさい。それでもわからなければ（私を）呼んでください」と言われることがある。しかしそう言われて呼ぶようではNGだ。

自分で学習してからそれでもわからない場合に聞くことを誰もがしている。海外の職場は能力重視の雇用なので、できない社員は雇用を継続してもらえない。やれると見込んで採用され、仕事を与えられているので、遂行できない場合は失職するだけなのである。

こうしたやり方を踏まえて、人材育成をする場合はまず参考図書を示して自主学習を促し、自力でできるようにするのが最初のスタートである。質問があれば上司も受けるが、やり切るのは最後まで本人の力だ。やり遂げなければ職務義務を果たしたことにはならないのである。

日本の海外法人では日本と同じように教えている上司がいる。だが、それは最初のイロハだけに留め、あとは自らの力で確認し、質問をして、勉強してやり抜く力を身につけさせることが大事である。日本企業の離職率が東南アジアで高いのは、仕事を教えてもらったら少し実践して即同業他社に転職するためである。そのことを知ったうえで、指導を行うことも忘れてはならない。

【海外マネジメントでの人材育成の考え方】

海外の現場育成は、国内の手取り足取りとは違う。まず職務明細が与えられ、原則その内容を果たして雇用を維持するという考え方をする。そのため果たせない人はどんどん入れ替えを行うことができる。日本やＥＵのように解雇制限を設けている国もあるが、能力が果たせない場合は正当に契約解除を行うことができる。

【現場仕事の教え方】

現場のワーカーに作業を指導する際は、できるだけ困難さやストレスを感じさせないように、現地の歌の替え歌をつくって作業手順を覚えやすくするなど、五感をフルに使った暗記指導方法が有効である。

教えるほうも教えられるほうも楽しく、ストレスと感じないように、楽に覚えられるようにする。作業が短時間でマスターできるように工夫をすると、仕事ができるようになる時間も早く、仕事の精度が改善される。一番いいのは、伝統的な誰でも知っている歌で、そのメロディに合わせて、作業の手順と確認の動作を体操風に教えると体に叩き込まれるのが早い。

また休憩時間の取り方も、全員が一緒に取るように教育するほうがよいだろう。あまりフレキシブルに個人に任せるというやり方では、おそらくアジアではうまくいかない。工場のラインでのトイレタイムなどでは手を上げて引き継ぐ形にして、戻ってくる時間の緊急性を高めるようにするとよいだろう。

現地のワーカーさんには、道具、箱、図チャートなどを利用しながら、右脳を使って教え、言語に頼らない教え方ができるように工夫をすると成功率は高まる。

【マネジメント：「褒める」リスク】

職務明細がある雇用契約ではマネジメント手法を変える必要があることを理解する。マネジメントが日本と違うのは、仕事ができるから雇用している、達成できて当たり前という方式を人事管理で使っているためである。褒めるという〝モチベーションを上げる気遣い〟はとくに必要ない。よく対話をするようにして、密な会話を取るというやり方をするとマネジメントには好感度が高まり、信頼度も高くなる。普通に対話をする機会を増やすことのほうが、褒めることよりも重要である。

また海外法人には国内とは違った〝褒め〟に対するリアクションが従業員からでるため、人材の褒め方が難しい。褒めるとすぐ仕事ができるようになったと思い、即、賃上げの相談やお願い、昇進昇格などの要求が増える。国内では人事部が人員管理をしているため、マネジメントに相談や依頼がくることはないが、海外はすべてマネジメントが直接受けることになるので褒めた後は大変なことになる。ここまではやれて当たり前の仕事であるというゾーンを設けて、5年くらいで完璧にできるように職務明細を決めて採用するのがちょうどいい。5年以上同じ職業を全うしてやってもらえたら、次のオファーやステップが紹介できるというやり方が功を奏す。

横もマネジメントチーム化する

チーム管理は原則縦のラインで行う。仕事の達成状況を確認しながら、問題課題が発生した時は上司と部下で相談を行う。チーム内での問題は内部で何とかするのが原則である。ただし海外は日本人メンバーが少ないので、情報共有は行っていたほうがよい。現地法人で何か問題が起こった場合は、少人数のマネジメントで問題の解決を図らなければならないため、最初から問題に関する情報共有をしておくほうが、即対策の行動を打ちやすい。

また万一の事故や労働組合でストに入る場合などを想定し、マネジメントはどの作業もどの仕事もすべてできるようにしておくと有効なリスク対策になる。現地人のマネジメントもいる場合は巻き込む。とくに日本人マネジメントは、複数の仕事の肩代わりを現地で行うことが多いため、国内では経験したことのない仕事も現地で覚えて、帰国後のキャリアの幅を広げる役目を果たし、社内転職の機会も増える。様々な職業を経験し、いろいろな職に転じられると、経営的な視点も培われるため、現地では忙しくなるからと嫌がらずに、いい機会だからと積極的に複数の職種の機会獲得を行うことを勧める。

現地でのコミュニケーションルール（E-MAILでの注意事項）

海外事業者との取引では、基本的に担当者同士で仕事をさせるが、日本式のE-MAIL：CCのように上司には送らない（図10）。ただ自分が上司であるときにCCで入れるようにし何を話しているのかモニタリングをしておくとよい。何か不確かな問合せを見た時は、マネジメントから声掛けをし確認を行う。そうすると、CCが単に入っているだけでなく、きちんと読んでいるという認識をされるため、おかしなコミュニケーションは行わなくなる。

また現地の担当同士で収められなくなったときは、マネジメントから介入し、担当に指示を出し、その際、相手方のマネジメントにもCCを入れるようにする。海外の担当は基本的に全部一人で処理することが許されているが、お金の許可はすべてマネジメントを通すルールになっている。お金の処理は担当任せにはしないことだ。

【外部専門サービスを有効活用する】

海外法人といっても現地のリソース（人材）が豊富にある場合もあれば、そうでない

図 10　組織におけるコミュニケーションの方向

日本の職場のコミュニケーションは縦横無尽

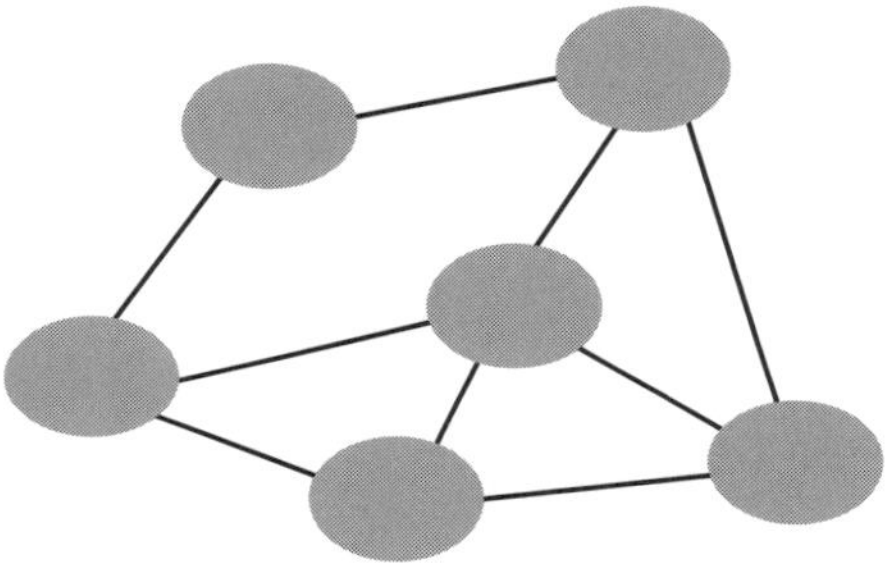

海外の職場のコミュニケーションは一般的に縦方向

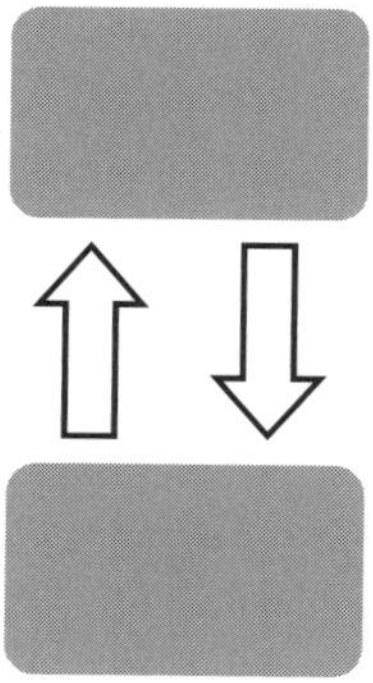

名刺交換の際、メールのCC入れのルールを確認する。海外のメール交信では担当同士で行い、CCで上司には入れない。日本式との違いを頭にいれておく

地域もある。ここではアフリカなど新興国の現地を想定し、リソースが不足気味の場合、どのような形で現地で補うとベストな形で仕事が組めるかを考えたい。

現地で一番神経を使うのが経理などお金周りの管理である。アフリカ勤務で、銀行に行き、お金をおろして帰る途中に殺害されたビジネスパーソンがいる。そうならないためには、銀行のチェック（小切手）を利用する。チェックは銀行で確認してから支払うようになっているため、偽造か否かの判断も銀行側の責任で行われる。アフリカはＥＵの元植民地が多いため、チェックの習慣がある。現金保持ならびに輸送は危ないので、利用しない。用意するのは小口現金に留めておく。

また、不正経理の管理には、米系資本の４大会計事務所がグローバルマーケットで経理管理のサービスを展開しているので、そのサービスを利用すると便利である。あとはオンラインで大手ＩＴ企業などが、様々なビジネスサポートを行っているので利用する。今の時代は何でも自前というよりも各種管理業務はアウトソースが主流であるが、とくに人事会計管理は利用しやすい。海外のベンチャー企業にはほとんど管理部門をアウトソースするため、社内には同部門がない。

3 組織のリスクマネジメントはこう進める

～マネジメント職でも例外ではない。油断も隙も見せない。

海外法人を改善する、4つの基本法

海外法人では収益性が低迷するなど経営問題をかかえることがある。現地の組織ではどのような改善策を考え、行動をとったらよいのだろうか。

1　全運用プロセスの見直し

人員、コスト、仕事のすべてを見直す。各人1週間のJOBを書きだし、どのくらい時間がかかっているのかを確認し、不要な部分を削減する。最小限の時間で効率よくできるJOBの仕方を考える。全員が報告し、マネジメントが工数削減できるかどうかを判断する。

2　仕事の合理化、効率化

プロセスの合理化を図り、仕事を効率的に見直す。

3　外注化

管理部門の外注化を図る。もしくはＩＴ化し人員の削減を行う。

4　規模縮小

コスト改善のために組織全体で仕事規模を縮小させる。リストラを行う際は、各人の雇用契約に基づいて対処を行う。

海外法人でのたるみ・緩みを直す

従業員のモチベーションが上がらず、気が緩んだりしているときは、リーダーから今一度ビジョンと目標をリマインドすることが重要だ。チーム力を高めるため、各職場で話し合いを行い、どんな問題課題があるのかを確認し、改善策を話し合うことが大事である。たとえば全員で発表会を行い、改善内容を時間内で行うようにして成果を競わせることをやってもいいだろう。士気が低迷している場合は、リーダー力より、ボトムアップによる自主的な意識の改善が望ましいだろう。

海外赴任者が士気低下やモラル低下を起こしている場合は、一度帰国させて、気分転換を図るようにさせるとよいだろう。日本との絆、本社との絆、家族との絆を確認し、国内から孤立していないことを確認、リフレッシュして復帰をしてもらうようにする。

メンタルヘルス不調者には細心の注意が必要

メンタルヘルスで最初に出る異変は睡眠不足から発生する。眠れない状況が3か月くらいしても改善しない場合は帰国をさせたほうがよい。食欲が出ない場合は1か月くらいで帰国させ、病院を受診させる。根を詰める仕事の多い海外勤務では、若い年代でも癌などを発症する場合がある。無理は絶対にさせないことだ。

また最近は人間関係を保つのが不得手だったり、二重人格的性格で裏で悪事を働いたり、人格形成が正常ではない高学歴者が大企業でも正社員の中に10％未満存在していると言われる。

そのため、社内の身分にかかわらず、不審な人物は不審者としてマークするような管理が必要である。最終的には企業としてリスクになるので、管理職だけでなく、経営者や役員層でも異常な情報を入手した際は人事部が適切な対応をしなければならない。

海外勤務者のアルコール中毒は大きな問題を引き起こす

日本では飲酒はあまり問題にされないが、海外では飲酒はアルコール中毒と認識されることがよくある。飲酒はたしなむ程度とし、深酒がひどい場合は事故が起きないうちに帰国させる。若い男性の人事管理はとくに重要だ。単身赴任で東南アジアに長く置いておくと、買春行為に走る確率が高くなる。違法行為であるため、3か月くらいで国内に帰国をさせる。

既婚者の単身赴任も同様に注意したい。同じ会社で夫婦共働きの場合は、できるだけ両方で海外赴任ができるように依頼を出すようにする。長年の歴史で、それぞれ単身赴任をする場合は不倫問題が発生し、結婚生活が破たんするカップルが多いからだ。

最近は女性の単身赴任も増えている。海外の現場は、男性ばかりではない。海外では女性が一人ではどうにもならないトラブルが発生する確率が高く、現地の女性が勤務している環境が最低限欲しい。

職場、仕事上のセクハラ、パワハラ対策は最重要

日本企業の最大のリスクマネジメントは、全世界的な「セクハラ」対策である。

理由は単身赴任者が増えていること、年齢が上がっていること、赴任期間が長くなっていること、リスクの誘因が増えていることが挙げられる。そのため、ストレスも溜まり、男性であるがゆえに女性への距離感が近くなり、職場での問題ある行為に発展しやすい。

日本人は海外に出るとなぜか気の緩む人が多いが、西洋人はそうならない。むしろ、リスクを抱えることやトラブル、厄介に巻き込まれて取り返しのつかない人生になる可能性が高くなることを自覚し、海外での生活では自制的になるものだ。

かつて米国で、グローバル市場で活躍する会社員に対しランダムな聞き取り調査を行ったことがあるが、文化的、宗教的な教えが各人にあり、危うい場面には近寄らない、また違法な行為は家族のためにしないという原則を厳守しているとの回答が多かった。したがって海外に出たら、自分の国ではないので、禁欲的にセルフコントロールをしながら、ビジネスで関わる人には中庸に接することが重要である。

「パワハラ」も同様で、どんな人に対してもリスペクトすること。その人の考え方をよく聞いて対処する。万一、相手の意に沿わない決定を下す場合には、パワーを駆使しないように説得し、理解を促すことだ。その場合に感情的な逆恨みが発生することも想定し、トラブルが起きないように組織全体でリスクを共有化し、対策を取るようにすると、リスクは最小化できる。

本社主導で駐在員を自暴自棄にさせない

では、どんな時にリスクは発生しやすいのだろうか。

リーダー力が弱く、会社の内部統制が乱れると必ず事件は起きる。会社全体のダメージやビジネス上のリスクが高くなる。日本企業の海外での事件を分析すると、原因としては本社との関係からやる気がなくなってしまうなどの気の緩み、組織内のたるみが背景として挙げられる。その立て直しは容易ではない。

そのために本社は海外法人で事件や事故が起きないような仕組みを構築し、維持していかなくてはならない。またリーダーが現地社員のケアを怠ると、経理の使い込みや横領などの背任行為も発生する。本社のパワーダウンが現地勤務の従業員の自暴自棄な心理を生み出す場合も少なくないのだ。また現地のリーダー自身が本社との関係で疎外感を覚え、悪事に走ることもあるから要注意である。

対策としては、第一に人間同士の信頼関係の構築である。不景気でグローバルビジネスが大変な時は、気分転換を上手にやり、現地の同僚仲間との関係を密にしながら、助け合い支え合う気持ちが大事である。

現地法人としても、仲間同士のイベントを企画したり、現地従業員とレクリエーション活動を楽しんだり、人と人の関係を育むやり方も大事である。社外との触れ合いを上手にやりながら、人間関係を構築することが大事である。地域のコミュニティへの帰属が職場や仕事でのリスクを減らす効果をもたらすと共に業績回復にもつながるのである。

本社が大変なときは、現地法人自ら勢いをもって仕事をしていくくらいの活気を作り出し、現地市場でたくさん収益が挙げられるようにしていく。ＰＲ活動も従業員を通じて地域で浸透するようにやることができると理想的である。現地のコミュニティでは、ボランティアも行いながら、地域の人々と馴染んで絆を深めておく。地域に溶け込み、何かあっても助けてもらえるように、誤解やトラブルが起きないようにしておく。双方でいい関係ができると、よりよい暮らしを営むことができる。

マネジメント職の不祥事も発生している

海外の組織では、お互いに問題が起きないように相互観察し合う体制が、ストレスも少なく、功を奏するものだ。これは人の行動の異常を検知するのにも役立つ。海外法人ではガラス張りの個室に入り、何の監視も受けない放任されたマネジメント職などがよく問題を起こしている。そのため、最近は海外も大部屋式で仕事をすることが多く、重要な話をする場が多い役職者だけは専門フロアに集中管理されている。

現場に責任を持つ管理職ほど現場と密着度のある場所でマネジメントをするのがベストであり、コミュニケーションは取りやすく、また観察もしやすい。透明度を高めたオペレーションや運用を行うと現地管理はスムーズにできるようになる。

組織のリスクに対しては、人間同士の理解や協力体制があることが重要である。最近はテロの恐れがある地域でも勤務することが増えている。日頃から現地従業員とコミュニケーションをとるようにする。そのときに原理主義的な会話や思考に触れた話題が出た場合は要注意である。採用時に対話を通じて、厭世観や破壊行為に対する考え方や、民族主義的宗教原理主義的な考え方を持つ人かどうかを確認しないと、マネジメントは難しい。

リスクを引き起こさない望ましい考え方とは、家族というユニットや人々の命を大事にするバランスのとれた思考と感情コントロールができることである。人としての内面の基本を確認しながら採用し、共に働く環境を整えることが連続した安寧をもたらすものだ。

【グローバルビジネスのリスク事例と対策】

中国市場では〝2回で注文ぴったり打ち止め〟が起きている。まさに、機械図面の新種情報漏えいの手口ともいえる現象である。

最近の新商品、とくに機械製品は、収益確保の前に図面情報がまるごと抜かれる。2010年頃から流行っている情報漏えい方法は、取引をしながら新商品の図面情報が全部抜かれる。だいたい2回の発注で受注はぴたりと止まる。要は図面がまるごとコピーされている。

なぜわかったかというと、ある業界で、環境に良い新商品がリリースされ、さぞかし市場は活況を呈していると思いきや、そうでもない。複数の企業で聞き取り調査を行ったところ、みな2回注文は取ったがそれ以上は注文がぱたりとこないという同じ現象を抱えていた。以前も別の業界で同じ現象が起こり、情報漏えいを疑っていた。だが今回確信を持つに至った理由は本技術開発は公的研究機関で行われ、税金が投じられており、その技術が日本企業に落ちてきたばかりの状況だった。そこで日本企業が新技術の機材を販売したところ、各社に2件ずつ注文が入ったとのこと。しかしそれからしばらくしても双方の企業には注文がそれ以上入ってきていない。そこで契約上、機械の図面の取り扱いを聞いたところ、現場サイドでは全部図面を提供していることが判明。実務現場の覚え書きには「図面をコピーしてはならない」とは記載していない。大元の契約文書で知財保護は当然記載しているが、図面の詳細まで明確に記載していなかった。

ある機械メーカーでは、別の機種で同様の〝注文ぴったり打ち止め問題〟があり、図面提供先の製品の発注追跡調査を行ったところ、まるごとコピーされて、提携企業のブランドで売られ、提携先の日本企業には1円の収益も落ちてこなかったことがあり、即、提携契約を打ち切った。渡った図面は取り返すこともできず、使用禁止を伝えたものの、順守されているかどうかは定かでない。

製品の保守点検があろうと、図面はクラウドオンライン上で閲覧するにとどめ、コピーは渡してはならない。渡す場合は図面に加工を施すか、図面番号をしっかり書いて、現場サイドで覚書として、コピー絶対禁止の約束書を渡しておく。グローバルビジネスで図面を渡すということはすぐコピーされ作られることを意味する。コピーを推奨する動きがあることを想定し、厳重に取引は行うように段取りをしなければならない。

過去何十年も止まらない図面の盗難。日本企業はお金の盗難では大騒ぎするが、図面の盗難にはいまだに無策。今後は大陸式に防御する必要がある。

第7章

グローバルで通用する「個人力」を磨く

IT IS IMPORTANT TO RESPECT PEOPLE EACH OTHER

1 個人としてのスタイルや人格を持つ

～自分自身が商品。チーム力を損なわない程度に自己ＰＲが必要。

「チーム力」と折合いをつけて「個人力」を発揮

グローバルビジネスを成功させるためには組織に頼らない「個人力」が重要になる。自分自身がセールスできないと道は切り開けない。そのためには、まず自分自身とは何かをよく考え、自分のスタイルや人格をよく理解することから始めることだ。自分が一つの商品であることを自覚し、まず己を知ることが重要だ。

国内にいると、会社に帰属し、自分自身の存在は組織全体の一部になるように訓練をされている。

しかし海外では、チーム力を損なわないことを前提に、自分の色や個性を持ちながら仕事をしないと、良い仕事の機会が回ってこないし、成果を獲得できない。

世界のどこででも「生き抜く力」

たとえば、アメリカは多民族社会であるが、下から努力して這い上がるより、直接CEOと知り合いになり、話す機会を得て、即、上の人からオファーをもらう要領の良さがあると「賢い」と評価される。機会獲得のためには、あらゆる手段を講じて目立たなければならないという作戦もあるだろう。

とにかく、グローバルビジネスでは知恵の深さ、頭の良い使い方が必要だ。MBAも取っただけで重用されるわけではない。実績を出さないと〝ないのと同じ〟扱いを受ける。そのため高学歴者でも高収入でない人はたくさんいる。

また自国から移民展開しているインド系の人々は、世界のどこででも「生き抜く力」を蓄えている。インドの海外準備組は、小学校からインターナショナルスクールに通い、ロジカルシンキングと英語を身につける。当然、両親の経済レベルが高くないと海外に出ることは難しい。

インドには、日本でいうところの家制度や仏教文化の原点がある。彼らが西洋風の教育を受け、生きるスタイルを身につけて、海外展開を図っている姿を見ると、日本人もやればできると共感する部分がある。また教育カリキュラムも高校から専門分野を取り入れ、ソフトウエアのプログラム言語の習得などは彼らの海外での職業獲得を後押ししている。

また中国系の海外移民も同様だ。高校での英語は朝早くから夜遅くまで勉強し、英米の大学留学を目指している。中国大陸の秀才はストレートに英米の大学に入り、大学院まで修了する学生がほとんどである。

彼らは明確な将来ビジョンとキャリアプランを持って勉強している。最初から人生を切り開く目的意識が高いため、起業意識も高い。勉強だけではなく、自分自身に対する気持ちの強さと誇りを持っているのも中国人の特徴だ。

いずれにしても海外で生活し、仕事をすることは、容易なことではない。そのためには外国人として信用を積み上げて築いていくこと、仕事の能力が高いこと、人間として機会獲得ができるほど何かの魅力を備えていること、話術がうまいこと、海外仕様の思考に長けていること、能力が高いことなど、いろいろな成功要因がある。つまり、すべては個人の人生、生き方のスタイルが土台になる。

そしてどんな人も、新しい土地では嫌われないように人脈を掘り起こし、そのネットワークでビジネス開拓をして実績と信用を積み上げていくことが重要である。

日本人の弱点を克服する

グローバルビジネスにおける日本人の弱点は、ハングリーやアンビシャスといってもよいだろう。外国で生き残ろう、生活しようという積極さや、何にでもチャレンジしてみよう行動力が足りないか、まったくない人もいる。若いうちはダメもとでやってみる心構えがほしい。日本でも若い時は相手にされないことが多いのと同じように、海外でも半人前のうちはできるかどうかもわからなくても、まずチャレンジをすることが大事である。チャレンジしているうちに、知らない自分の潜在能力が出てくる可能性も高いし、人脈に恵まれ、そのなかでいろいろな人を紹介してもらえる機会を得られるかもしれない。

ビジネスとはまず人とのつながりである。目上の人から知り合いを紹介してもらい、やる気だけを見せているとチャンスをもらえることがある。一番ダメなパターンは黙って大人しくしていることだ。外国では自分をアピールしないと、存在がないのと同じである。成功するかしないかわからなくても、まずチャレンジする機会を得ることが最も大事なことである。

機会を得るためには、個人のＰＲが決め手になる。同じアジア人でも、現地の人々に興味を持ってもらう。声をかけてもらえるように、また話をしてもらえるようにするにはどうしたらよいのかを考えることだ。

外国では若者が仕事の機会を得るためには、絶えずＰＲをするし、メールも出すなどいろいろなアプローチをしてくる。ほとんどが興味関心の対象にはならないが、この人物は将来のためにＫＥＥＰしておこうというケースが出てくるものだ。しかし、残念ながらそういう積極的な人は全員外国人であり、日本人は求職中の退職者くらいしかいない。

得意分野を探してアプローチする

ビジネスパーソンが参考にできるモデルがある。雑誌などでも紹介しているが、前衛芸術家の故・岡本太郎である。

彼の著書の『自分の中に毒を持て』（1993年 青春出版社）は、今でも読み継がれているベストセラーの海外生活の指南書である。海外経験を通し、自分の芸術を打ち出すということを自分の哲学としており、グローバルビジネスマインドの醸成に大いに役立つだろう。それは、イノベーションを起こす発想であったり、改革案であったり、ボトムアップで提案できるアイデアの独自性を指している。

中国には多数の日本人の現地勤務者がおり、アメリカに次ぐビザ取得者の人数である。東南アジアにも邦人居住者は多数いる。日本の構造改革でリストラの憂き目にあった人は、仕事が国内に見つからない場合、技術者なら海外勤務の機会を探すとよいだろう。

専門分野の英語が理解できれば、就職の最低限の要件を満たしている。また日本市場向けの仕事も多数あるので、そういう得意分野を探してアプローチするのがコツである。国内で仕事がないなら海外で探すという心構えで在職中からグローバルビジネススキルを磨いていれば、いざという時に困らなくてすむだろう。

Column 8 個人のサバイバル力を養う

STEP 4

海外仕様の思考を勉強する

海外仕様の思考を培うことが大切である。すでに帰納法、演繹法など哲学の紹介をした。

個人の磨きとしてはそれだけでは不十分といえる。

できれば西洋文化を深く理解するために、ギリシャ哲学から現代の哲学まで学んでおくとあらゆる考え方に対する適応と理解を示すことができるようになる。さらに宗教も大事である。

キリスト教を理解するために旧・新約聖書、仏教を理解するためにラーマーヤナという叙事詩、中国哲学を理解するために孫子の教え、イスラム教を理解するためにコーランの教え、ユダヤ教を理解するためにはタルムードなどあらゆる本を読むことをお勧めしたい。世界中の民族への理解が深まる。

アメリカ大陸ならインディオの歴史やその考え方についての本、アフリカの民話など、少数民族についての本も役に立つだろう。結論として人は同じ人なのだが、その背景にある文化は歴史と哲学で構成されているため、その土地に関するものはあらゆる古典を読んでおくとよいだろう。ただし迷信のようなものは信じる必要はないが、現地の人のタブーには触れないように行動する。

2 「人は人」と割り切る個人主義になる

～干渉はしないほうがよい。ただ不祥事には厳しく接する。

EU地域は個人主義、アジアは人の距離が近い

グローバルビジネスでは、「人」に関する話題が一番多い。

30数年も海外の人々と向き合って思うことは、「根本は人である限り、同じ」ある。もちろん思考や文化はそれぞれに異なる。国・地域ごとに「人への距離感」の取り方には、暗黙のルールがある。

わかりやすい指針として説明をすればこうである。EU地域の人々は、個人は個人という考えが強く、個人主義が発達している。北米の人々は、性善説の社会で暮らしてはいるものの、オープンマインドは狭くなってきており、人に対して余計なことは言わない傾向が増えている。

多民族社会であり、見かけだけでは様々な背景がわからないため、挨拶も「Have a good one (not day, not holiday)」と汎用的に通用する表現が一般的になっている。

アジア地域の人々は、多様性があり一概には言えないが、会社、コミュニティなど帰属場所に入ると親しくなり、人の距離は比較的近くなる。アフリカ地域の人々は、人に対して距離が近く、アジア地域の人々と同じようにいろいろな話をしてくる。

以上のように、著者の経験則からその傾向を記載したが、実際は個人個人によって対人の反応はまったく異なる。そのため、対話を投げかけ、相手のリアクションを見てから、お互いに〝居心地が良い〟と感じる対人距離を取ることをお勧めする。

余計なお世話は焼かないことが無難

海外の職場では、基本的に個人に関わることには立ち入らないのが原則だ。採用の際も確認すべき部分は倫理観という人格の部分と能力というお金を払うべき価値である。人とトラブルを起こしやすい人はどこに行っても同じ行動をとるので、その人の行動パターンは、面談などで考え方などを聞くとあらかじめ推測することができる。

とくにEU系の人々（アメリカではEU系にルーツを持つ人々）にはおせっかいを焼いてはならない。そもそも人格の定義、人権の定義、その守る範囲が日本とは異なるからだ。これまで日本人の親切心から行うたくさんのおせっかいが嫌われる状況をみてきた。

たとえば対処の仕方はこうである。誰かのヘッドオンステレオの音がうるさい場合でも、知らないふりをする。オフィスのキッチンで、ポップコーンなどの香ばしい匂いがしても、知らないふりをする。余程不快に感じる、やりきれないという以外は、無視する。例外はルール破りがある時には注意することくらい。たとえば、条例で定められている禁煙の場所で喫煙をしている人を見たら「法的に禁止です」と注意する。単に「禁煙です」というのは、「個人の喫煙は体に悪いですよ」ということであり、余計なお世話と感じる。こういうふうに覚えておくとよいだろう。

また東南アジアや中南米では、警察官や税関などが賄賂を求めてくることがある。その場合は自分に関係のない時は知らないふりをする。自分に被害が降りかかってきたら、自国の海外公務員賄賂禁止の法律を説明し、お互いに日本の法律で裁かれるのでやめましょうと伝えることだ。

決して道徳観や正義感を持って相手を攻撃してはならない。過去に銃撃で仕返しをされた事件も発生している。

上司と部下の関係も個人として割り切る

では、会社の中では、日本人の親切心やおせっかいは、どこまでやっていいのだろうか。

基本的に他人の仕事には、口をはさまない。見ていて「こうするといいのに」と思っていても、外国ではその人の仕事はその人がやるもの、口出しはありがたいと思われるよりも、うるさいと受け取られることのほうが多いのだ。なぜなら、その企業では、その人は仕事ができると思われて雇用されている。逆にそれがやれないのに雇用されているとなれば、プライドの問題に関わるからだ。その人が仕事をやれると判断されて会社に雇われている以上、その人がどんなやり方でもやり切って責務を果たすべき、という考え方で運営されている。

また、上司と部下の関係も個人として割り切っている。国内では部下の責任は上司の責任となることが多いが、海外の職場では各自が職務明細に従って職務遂行の義務を負っている。

海外では上司は上司、部下は部下、部下に何かある場合は部下が責任を取るのが常識だ。海外では、上司やパートナーの指示が間違っている場合、素直に受ける部下はいない。そもそもそういう能力の低い上司がポジションにはついていないのだが。

部下は納得するまで、どうしてですかと聞くし、納得がいかない指示には従わない。それどころか上司を上司と思わなくなるため、仕事上トラブルが起きる。正当性のある場合は、人事異動を申し出る。日本人のように思考停止でそのまま指示に従うということはない。そんな上司は辞めさせるか、異動をさせることがほとんどである。

【海外にはない連帯責任】

海外の上司はボスと呼ぶにふさわしいパフォーマンスが必要である。上司は個人であり、部下も個人。職責職務が分離しており、部下に問題があった時は上司が部下の異動も解雇もできる。組織を健全に維持するため、また成果を上げるために、上司は自分のチームを常にベストな状態にすることが役目となる。仕事も教えることもなく指示することも少ない。上司はチームの成果の管理と職務遂行上のリスクを管理する立場にあり、あーしろこーしろとは命じない。部下は個人で考え、どうしたらよいかを自分で判断して行動に移す。そのなかでトラブルが起きたら、部下自身で責任を負う。上司は指示をしないので部下の責任を取らない。報連相ではない個人任せのマネジメントとはこういう仕組みと機能を持つ。例外は、不祥事、不正、正しくないことを目撃した時である。北米でも、社会の自浄作用は強く残っており、何か正しくないことをしている人がいたら、必ず何かを注意されている場面に出くわし、JUSTICEというものを感じる。EUでも同じである。善悪にはものすごくうるさく、ルール破りには厳格である。それに比べると、アジア、アフリカ、中南米では基準がのんびりしている。

また注意の仕方を誤ると、反逆されることもある。海外では何かを注意をする時は、一対一ではなく、地域や帰属するコミュニティを通してやることである。正義は一人でかざすと危険が伴うのでアクションしないほうが賢明である。

Column 9 個人のサバイバル力を養う

STEP 5

語学を勉強する

基本は英語で十分である。ネイティブ並みになるまで数十年は研鑽をつむ。毎日の英文記事の読解や原書の読書が一番役に立つ。やがて日本語本の読解と原本の読む時間が同じになり、速読も可能となる。

毎日のネイティブの生活と環境を同じにして、学習の積み重ねがあれば、やがて同等のスピードで理解できるようになる。そうすればテレビのトークショーを見てもわかるし、ミュージカルを見てもセリフが全部聞き取れるようになる。

あとはプレゼンの練習は自分で原稿を作り、何度も何度も一人で実践をする。時間を決めてその中でやるようにする。ネイティブの営業がやっているのと同じやり方で練習すると、やがてネイティブのように話すことができる。

毎回、ビジネスのための語学勉強だけでは疲れるので、現地の人々によるコミュニティに参加すると楽しくなる。様々な話題で会話するようになり、現地の情報に詳しくなる。日本国内にはない考え方、やり方、価値に触れることができ、自分の器も大きくする。

3 人を愛する、人が好きである

～見知らぬ人とのちょっとした触れ合いがグローバルビジネスの魅力。

楽しく人とつながりながら仕事をしたいのは万国共通

グローバルビジネスをする人は、現地の人が好きでないと長続きしないだろう。理由は国内の日本人だけを人と思い、それ以外を居心地の悪いものとカテゴライズしてしまうと、それ以外の人間を下に見たり、尊重しなくなるからである。

人に関心や興味があり、面白い、楽しいと思えるようでないと、人付き合いはできないだろう。各地域で教育レベルも職種によって異なるため、この人たちをどう仕込むと仕事ができるようになるのかという、親心や教育者の気持ちに立って人々に向き合うことが大切だ。逆に、彼らからは文化的な違いや考え方の違いで学ぶことも大きい。

また能力が低いからと見下げるのではなく、その人たちにどのように学習をしてもらい、潜在能力を引き出すのか、その手腕が見せ所となる。工場のラインのワーカーさんには、歌や絵で仕事を覚えてもらい、実践を楽しくできる工夫をすることも必要だ。お金を得るためとはいいえ、製造の仕事は楽ではない。人はどこの国でも楽しく人とつながりながら、仕事をして、生計を維持できることが幸福とされている。

海外では「仕事は自分のため、家族のため」

世界の人と意見交換をすると、仕事とは自分のため、家族のため、という人が多い。「生きがい」と答える人は外国人には少ない。あくまでも生活のための仕事が前提だが、先進国に行くとやっと「生きる糧だけではなく、自己実現や野望といった哲学的なビジョン」を話す人もいる。

ビジネスで夢を実現させるためにも、人とのつながりは大事で、人を好きにならないと異質な考えをする人に向き合い、受け入れることができない。

「なぜ、どうして」と考える習慣を持つ

海外では、慣れてくるまで、「なぜ」という疑問で日常生活がいっぱいになる。その違いをひも解き、違う理由がわかるようになると、海外生活と仕事は断然楽しくなる。日本人として日本に生活している以上、海外で自分が土地の人と異なるのは当たり前なのであ

り、海外で自分が好奇心いっぱいに見られる機会もたくさんある。

たとえば、食事をしている際、麺類をすすって食べるが、「なぜすすって食べるのか？」と聞かれる。「音を出して食べたほうが、スープが熱くないし、おいしい！　という感じがするから」と答えると、怪訝《けげん》な顔をされることもある。なぜなら西洋では音をすすって食べると、下品とみなされるからだ。

また資料をコピーし、ホチキス止めをするが、右上か左上かを悩んでいると、上に止めて、右利きでも左利きでもいいようにしておくとよいといわれる。海外では箸を使うわけではないので、左利きもたくさんいるからだ。

自分と現地の人には常に違いがあると考え、その一つひとつを理解してみようと思うと好奇心がいっぱいになり、日常が楽しいものに変わる。仕事では現地の人との違いや外国語での生活が面倒と感じることもあるが、生活の一部として慣れてしまえばいい。そうなるまでにはたくさんの時間がかかるが、仕事での海外勤務には時間に限りがあるので、現地の文化や生活習慣の違いを楽しみ、人に関心を持って過ごすようになると、時間はあっという間に過ぎていくものだ。

国内ではエスニック系がごく少数派であるため、いろいろな考えを聞いたり、批判されたりする機会が少ない。また海外では日本人はアジア人と十把《じっぱ》ひとからげに扱われ、海外多数派の中国系と同じ扱いを受けるという経験を日常的にする。入国管理の際、アジア系全員摘発みたいな場面に遭遇しても、決して腹を立てることなく身をゆだねる振る舞いに転じるのが海外生活なのである。

絶対に曲げてはならないのが「自分の軸」

一人の人間として、いろいろな扱いを受けることも多いが、最後まで絶対に曲げてはならないのが「自分の軸」である。自分を貫いて生きている人は、どこの国でもどこの社会でも色が濃くて面白い。道端で出会っても、声をかけるし、対話を求めるし、人として賛辞を惜しまない。

著者はとくに若い世代との交流を大事にしている。たとえば、中国系の若者、韓国系の若者には、相手が日本人とわかって嫌がっていても、広い心で声をかけるようにしている。政治が人々の交流関係にマイナス影響を与えるのはばかげたことだと思う。

20代の頃からバッグパッカーをやり、世界の人々との交流がいかに大事かわかっている。彼らにもそれぞれ気遣いと遠慮があり、刷り込まれたプロパガンダの影響は最初のころはぬぐえない。しかし、人として向き合い、彼らの異国での生きる努力や勇気などを聞き、人として立派に感じる生き方は素直に褒めるようにしている。そのチャレンジを一人の人間として引き伸ばしてあげたいと思うことも、しばしばである。

彼らの親や政治家がニュースで悪い話を聞かせて、人と人との交流が途絶えてしまうことが多いが、とても残念でならない。この数十年、東アジアの交流は、政治が草の根の付き合いをつぶしてきたといっても過言ではないだろう。

それでも、人には人として向き合い、どんな人も同じ人なのだから、人との交流は大事にするようにしている。自然環境、政治、職場環境など、生きる環境は人によって違っている。それに対する理解と温かな愛があるからこそ人間社会は成り立っていると感じる場面に時々出合う。

ニューヨークのヘルシースムージー専門店では、多数のインド系の従業員が働いていたが、たくさんのお客さんで込み合い、チームワークが崩れて従業員同士が口げんかをしていたことがある。その際、お客さんとして来ていたアフリカ系の女性が「こういう忙しい時はお互い様なんだから。誰が悪いとか遅いとかより、どうやってお客さんに迷惑をかけないようにするかを最初に考えて、後れを取り戻すように努力するといいわよ」と諭していた。

とてもマネジメントにふさわしい、よいアドバイスをしていた。おそらく彼女も人が好きなんだろう。アジア系の私がそうそうとうなずいていたら、ウインクをして、帰っていった。こういう人が世の中には多数おり、いろいろな意見をしながら、人の社会は守られているのであると改めて感じた。

Column 10 個人のサバイバル力を養う

STEP 6

幅広い人脈をつくる

昨今はSNSなどで連絡を取るやり方もできるが、返事がくることはないと考えたほうがよい。実際に電話して、相手と話をするとある程度の感触をつかむことができる。海外ではパーティなどで名刺交換をすることが一番手っ取り早いだろう。商工会議所などで出会えることもあれば、コンファレンスで知り合うこともある。各ビジネスの内容によって、どこで人と会えばよいかは異なるので、自分で探してみることが大事である。

ただし、事業主と知り合いになるためには、地元の有識者と知り合いになるのが一番である。そこから紹介を受ける形で人脈を広げていくことを勧めたい。

米国などでは自由に気さくに紹介を受けられるという印象があるが、じつはそうではない。大都市ではとくにその傾向が強いが、ほとんどのところでは人とつながることには慎重な人が多く、人の紹介がなければ会わないことが多いので注意してほしい。EUも同じでWEBなどの公式ページやYouTubeで自己紹介できる方法があればよいが、そうでないと受けてもらえない。

最終的には、どんな土地に行っても「何か違うもの」「光るもの」「できるもの」が個人の中から出せることが重要である。

4 偏見や先入観を持たない習慣をつくる

~外見で判断しないのが鉄則。物事の多様性が知恵を生む。

見た目よりもはるかに大切なことがある

外国では人に対して偏見や先入観を持ったり、外見で人を判断するといろいろな過ちを犯すことになる。まず油断してこの人は大丈夫だろうと思ってついていくと、犯罪に遭ったりする。知らない人から話しかけられることはあまりないが、アジアなどではよくある。90年代の中国大陸の田舎で農村の人が声をかけてきたことがある。最初はその身なりなどから物乞いかと思っていた。しかし台湾からきた女性が丁寧な中国語で返答しているのを聞き、日本人の自分が見る目と台湾人の女性が見る目は違っていることに気が付き、それから身なり服装では人を判断しないようになった。単に仕事の機会を求めているだけで、犯罪のために声をかけているのではないということがわかったからだ。

逆に上海や深圳《しんせん》などの大都市では、子供のすりが何か盗むために近づき、鞄のジッパーを開けたり、ナイフで底を切ったりする行為を受けたことがある。幸いにもすぐに気が付き、驚いて、すりの子供たちを追い払ったが油断も隙もないと思ったものだ。

仕事においては、心理学的に言うと、見た目のいい人は得をしやすい効果がある。そのためEU系を見ると良さそうな評価をしてしまいがちだが、ビジネスでは思考を見ることが最重要になる。思考でその人を判断すると、仕事ではほとんどすべることがなくなる。

逆に見た目が同じだと不安を忘れるし、全く気にならない。思考の切れや独自性などがあると強い印象を残し、何度でもその人たちと仕事したいと思う。信頼のおける仕事関係の構築は、思考が優れているか、お金を持っているかの2点で決まることが多い。

「YES」「NO」が曖昧な場合は、OKと思われる

インドでは、たくさんの仕事のオファーを受ける。輪タクだったり、お土産屋だったりするが、彼らは話し好きなだけなので、必要なのか、そうでないかを明確に答えるとそれ以上は追ってこなくなる。要するに生計維持で忙しいので、ハングリーである分、押しが強いが、興味がなければないことを示せばよい。人格を傷つけなければ、襲われることはない。

時に押し売りされることが多いが、その際はそういう売り方は嫌いと答えるとそれで終

わる。インド人はプライドが高いので、人として傷をつけず、「うれしいけどいらない」と言えばそれ以上は追ってこない。一生懸命な行動は彼が生きるためであり、いい仕事をしてくれた際は電話番号を聞いて、訪問の都度に指名してあげると、いい仕事で返してくれる。

こういうふうに、よい人を探し出して、自分の仕事のサポーターになってもらうのが海外で生きていく秘訣でもある。

ＥＵではアジア人として歩いていると、時々物乞いがやってくるが最初から話をしないようにしている。話してナイフなどで刺されたりすると怖いので最初からコンタクトを避けるか、言葉がわからないふりをする。決してだまってついていくことはしてはならない。

性犯罪に巻き込まれる可能性が極めて高い。性行動の「ＹＥＳ」「ＮＯ」が曖昧な場合は、ＯＫと思われているので被害に遭うのだ。そういう前提で相手をすることである。基本的にＥＵ人が話しかけてくるときは日本語の勉強をしている学生さんだったりすることが多い。それ以外は、個人主義の風土なので声をかけられるということはめったにない。

北米も同様で、アジア系は多数いるので、基本的に話しかけられるということはない。

北米ではビジターなのか居住者なのか判断がつかないので、道など尋ねられることがしばしばある。またホームレスはよく話しかけてくるが、居住者は「すみません、余裕がないので」と言えばそれで十分である。あとは言葉が聞き取れないことも多いので、やり過ごしてもとくに問題はない。

思い込みをとにかく捨てる

中東では、湾岸諸国など多民族であることが多いため、移民国と同じような立ち振る舞いや人の判断の仕方をしても問題はない。アラブ人が相手のビジネスの場合は、女性が仕事をしていること自体がアドバンテージになるかといえば、アジア系の場合はそうでもない。フィリピン人が多いため男性の補佐程度にしか見られない。アジア系でもアメリカのアジア系は評価が高く、取り扱いががらりと変わるので不思議だ。つまり、稼げる人かそうでない人かの判断によるのである。

相手の見方、自分の見られ方、双方を意識して、海外では人とつながって仕事を切り開いていく力が必要である。同時に人選が重要であり、成功するためにはビジネスモデルや収益性の判断ができないと成功できない。

たとえば、出会ったアフリカ人が、まるでアジアを知らないかと思えばそうでもない。中国大陸には多数のアフリカ人の留学生がおり、何十年もその積み上げがあり、アジアに残って仕事をしている。彼らは、政府系の仕事をしている親の子弟が多く、漢字も読めるし、複数の外国語も話せる。教育レベルが高く、ビジネスもよくできる。

しかし他方では六本木で多数見かけるチンピラのような輩にも遭遇する。外見は見慣れていないため、見た目では判断ができない。しかし彼らの思考に触れると、その違いは瞬時にわかるものだ。

東京都港区では居住する外国人も多いうえ、旅行者も多い。そのため日常、外国人に出会う。ある時、ズボンを下げたファッションの若者の集団が道を探していたので、尋ねてみたらオーストラリアアクセントだった。彼らが捜していたものはオーガニックレストランで、その見た目と質問内容のあまりの違いにこけそうになったことがある。

いかにもハンバーガーを食べそうなイメージだったが、旅先でもヘルシー路線を貫く食生活を目指す若者には驚いた。

知恵と多様性を吸収して仕事につなげる

著者はアメリカでは誰とでも話す習慣があるので、いたるところで知らない人とおしゃべりをすることが多い。飛行場のチェックインの際、ずっとつらそうに立っているビジネスパーソンがいたので「どうしたんですか」と尋ねたら、「クライアントとの商談がうまくいかなくてね」と言う。体の具合が悪いのではなかった。

逆に親切にされることも多い。激しく勉強をして疲れていたので、機内でビールを2缶飲んだら、フライトアテンダントに「大丈夫?」と何回も聞かれて驚いたことがある。たぶん真っ赤な顔をしていたのかもしれない。

人を観察していると、いろいろな人から気遣いを受けることがある。それはうれしいことであり、人として愛のある証拠と感じ、ココロから感謝をするようにしている。また、世界を歩いていると、インドの人にはいろいろなところで出会い、話をする。彼らはだいたい貿易商で多種多様な商品を売買している。そしてよく話しかけられる。

同じアジア系という親しさから、人懐っこく話しかけてくる人もいる。最初は「中国人？」と聞き、「日本人、今はアメリカに住んでますけど」というような会話から始まる。こちらもインドの出身地を聞いて、それからビジネスの詳細を聞くことが多い。中南米に行ったときは、インド人との会話から、仕入れ品にはグレードがあること、マーケット別に商品がそろっていることなど、商売の秘訣をいろいろ聞くことが多い。見た目と姿では何をやっている人かわからないが、みなグローバルに成功している人々である。

その人が持つ知恵の多様性を聞いて、祖国から遥か遠く、彼らのグローバルビジネス上の戦略と賢さには尊敬することしきりである。

【マイノリティは喰われてはならない】

また北米でEU系と仕事を組む場合は、男性なら必ず仕事のイニシアティブを取りたがり、ビジネス上の利権も取りにくることがほとんどである。アジア系女性として、最初から相手にビジネスを乗っ取られないように契約を先に交わし、指一本も触れさせないようにするくらいでないと寝技を使ってでも利権を取りにくる。北米のダイバーシティ調査では民族種類別の信用度というデータが出てくるが、彼らは信用度が高くステータスが高い。そう思って近づいては痛い目に遭う。見かけでは信用ができないというのであれば、彼らが一番信用するのが難しい。また即、金にならないとすぐ文句もくる。北米の仕事は人判断の点では難易度が高い。

【事例：採用失敗】

採用の失敗事例には、いろいろな種類がある。日本企業で多い採用失敗ケースは、身上調査まで本人に聞いてしまうこと。日本の会社員は、人を見る目が養われていない。なぜなら国内では新入社員一括採用で終身に近い長期勤務であるため、勤務先を見ていれば間違いないと考えてしまう。

自分で事業経営している場合は、どんな職種の自営業者もしくは個人事業主かで判断される。フリーランスという職業はおそらく能力判断で雇われると思うが、あまり多くはない。

また女性に対する判断は今の時代でもほとんどができない。経営コンサルタントの場合、男性だと資産内容は聞かれないが、女性はどこでも資産状況は必ず聞かれる。性差など見た目に惑わされて人を判断していると、ろくな採用ができないことは言うまでもない。

Column 11 個人のサバイバル力を養う

STEP 7

ビジネス機会獲得のためのチャレンジ

ビジネス機会を獲得する手法は多種多様である。まず、どのくらいビジネスで利得が見込めるかを想定して動くことが、グローバルビジネスでは大事である。やれるかやれないかもわからない状態では、とても相手にしてもらえない。絶対にやれるという仮説分析のもとで、やり切るというのが海外ビジネスの成功の秘訣である。

グローバルビジネスは経費が莫大にかかる。国内と同じように考えていたのでは経費がいくらあっても足りないほど費用が掛かるものだ。そこで入念なビジネスプランの準備が必要になる。スベラナイという確信がなければ、決して動いてはならない。たしかな結果をもたらす実践と準備がたえず求められる。

日本国内ではグローバルビジネスの意思決定をすることが難しい。

そのため、時間がかかり、多くの機会を獲得できずビジネス損失につながっている。理由は、日本人が海外から届いた企画提案書を読んでも「真意がわからない」ことが原因で、海外市場の知識もないままでは、「なぜ」と何度考えても、答えが出ることはない。

グローバルビジネスの意思決定には「適材適所」が必要なのである。

5 人を見る目と内面を読む力を養う

～人間としての総合力を上げる。まずは対話から始める。

日本人は「帰属」だけで人を判断しがち

人を見るポイントは「思考」「価値観」「倫理の軸」「感情コントロール」だ。この4つを踏まえていれば、世界中のビジネスにおける人の読みではずれることはないだろう。

グローバルビジネスで、日本人が一番強化しなければいけない点は、人を見る目と読む力である。毎回国内に戻る度に、日本人は企業などの帰属を隠した場合、人と向き合い、人の内面や思考の判断ができるのか、できるのならどこまで人を読むことができるのか、自分の問題意識として常に持っている。

たとえば、人の判断になりうるものとして、以下のものを挙げる。

○情報として……学歴、会社、業績、資産形成

○人間判断として…思考の在り方、価値観の持ち方、自分の哲学（軸）、倫理観、家族観、社会性、感情のコントロール、交友関係、人間関係、生きる満足感

対話力がビジネスの勝利につながる

ビジネスパーソンとして素晴らしくても、人間としてどうなのかはわからないというようでは不完全な理解でしかない。まず、時事問題などで意見を聞くことが大事だ。貧困な子供と教育問題についてどう思うか、戦争についてどう思うか、プロパガンダがたくさん聞こえるようならその意見についてどう思うか、家族との関係はどうなのか、生きる時間をどう考えているか、そんな質問を並べながら、人として３６０度を見るとおもしろいだろう。

ビジネスとは基本的にお金の関係ではあるが、それだけではない。世界中の人と連絡を取り、瞬時に相手がどんな人であり、仕事をして成功できそうか、厳しそうかを判断できないと海外ではビジネスができないのである。また、リスク問題や金銭問題が発生した時にその人はどんな応対をする人なのか、ある程度、想定できていないとトラブルになるだろう。

海外でも、同じような対話をする場合がある。こちらも人物査定を受ける。時々相手の事も考えながら、

「NDA（秘密保持契約）はまだ交わしていませんが、いくつか技術に関する質問をします。将来何か問題が起きるといけませんので、あらかじめ情報の開示をどこまでするか、範囲を意識して答えるようにしてください」

と言ったところ、

「あなたのように、最初からそう言ってくれる人は正直なので信用できるから、話すよ」

と言ってもらえたことがあり、うれしかった。やはり、ビジネスにおいては、自分だけの事だけでなく、相手の立場も考えるゆとりを持ちながら商談を進めると、いい結果を引き出せるのである。

【アメリカにおける個人に対する経済判断】

アメリカでも個人への経済判断は顕著である。どの業界のセールス担当も事業主も、「How much money do you have?」という質問が共通しており、金融、不動産、あらゆる取引先を含む経済内容をどこでも聞かれる。アメリカの人判断は経済状況や資産形成内容により人を総合的に判断する機会がとても多い。移民国であるせいか、経済力による判断哲学が他の地域より著しく進んでいる。

ただし、どこの誰とでも経済状況や資産の話をするというわけにはいかない。身辺安全上の問題があるからだ。そんな時は「I wouldn't like to open the details at this stage.」とお断りをすればいい。相手も商談や説明をぴたりとやめる。

【中国、インドにおける個人に対する判断】

どちらかというと、「思考」「価値観」「政治性」「ビジネス才覚」を読んでいる。財産資産はめったに聞かれない。ビジネスの能力を一番に見ている。奥深く見ているのは「信用」。ずるくないこと、悪くないことである。ただし、誠実であるだけではダメで、ビジネスの能力にどのくらい長けているかを、PRできないと商談では相手にしてもらえない。

【中東における個人に対する判断】

中東のビジネスは、どこでも人脈であり、それ以外では仕事が取れないという昔ながらの利権社会である。自由主義ではなく人治主義なので、「郷に入れば郷に従え」である。人脈開拓はゼロでは無理で、有力者に契約金を積んで、サポートをお願いする。そういう口利きはたくさんいるが、ほとんどが役に立つ有力者ではなく、日本でいう役人の天下りやアメリカのロビーのようなものにすぎない。

6 リスクを管理し自分の身は自分で守る

～赴任が長くなるとついつい緩みがち。そこを自覚する。

リスク管理はグローバルビジネスでは必須スキル

最近のグローバルビジネスでは個人の軸の持ち方がより重要になっている。アメリカのいくつかの州のように赴任地域が嗜好薬物許可になっている場合もあり、そこに出かけて法を犯し、帰国して罪人となり、一生を棒に振る事件も起きている。

昔と今では、現在のほうが明らかに犯罪にかかわるリスク、もしくは巻き込まれる確率が増えている。禁欲的になるか、家族とともに過ごしリスクを減らすか、現地の生活に普通に溶け込むものの違法なものは違法として断固拒絶しリスクを回避するなどし、自ら環境と選択肢をよく考えて選んで、生活を管理しながら時間を過ごすことが必要になる。

また新興国への赴任では、テロが必要以上に恐怖をもたらす。人混みには行かないで過ごすようにしたい。また、海外では「どこから来たの」という質問には答えない。タクシーに乗る場合もホテルで会社や運転手の身分を確認してから乗らないと、どこへ連れて行かれるかもわからない時代になった。

現実に中南米などではタクシーの運転手とギャング（暴力団）がグルになり、日本人が殺害されるケースが発生している。誘拐は先進国でも新興国でもあるので、信用のおける人を選んで車に乗るようにしたい。

タクシーの悪質な事例と安全な乗り方

中東ではホテルの紹介で契約タクシーに乗り、打合せに出かけた際、「一人で来たのか？」「この土地に知り合いは居るのか」という、最初から誘拐の意図を感じさせる質問をされる。その場合は「ビジネスパートナーの会社がある」「彼らにはいつでもどこでも電話が通じて、駆けつけてくる」と牽制することが賢明だ。

米国のサンフランシスコなど大都市のタクシー会社はホテルで紹介されても総じて質が悪い。往復で遠距離を頼めば、最初から定額料金を要求されたり、遠回りされたりするので、かなり神経を使う。最初にお金に関するルールでは合意を取り付けておかないと、身の安全の保証がない。怒って砂漠の真ん中に置き去りにされたり、銃で撃たれる可能性もある。

大事なことは、気分よく運転してもらい安全に戻ってもらうことだ。料金はメーター加算、行き方は道路をあらかじめナビで確認し所要時間の計算と合致させて厳守をお願いする、それからチップの話と待ち時間の過ごし方も乗車時に話して合意をしておく。そうすれば、こちらのコントロールでドライバーを動かすことができる。どんなひどいドライバーにも最後は礼を言う。

インドの乗り物には輪タクと車のタクシーの2種類がある。勧誘がたくさんあるが、しつこい場合は料金が高く盛られる場合が多いので、先に何回か値段を聞いておく。それから自分で止めて料金を確認するとリーズナブルに乗車することができる。いい運転手の場合は、携帯電話を聞いておき、後でまた利用できるようにしておくとよいだろう。

ホテル・住居でも気を抜かない

海外で長期滞在していると、ホテルの部屋への侵入がある。とくにEUでは掃除人が合い鍵を使って入ってくる。「Don't disturb」の札は効果がない。金銭やスマホは全部持参し、その他パソコンなどはスーツケースに鍵をかけておく。部屋にはマーケットで換金がすぐできる高価なブランドバックなども置かない。

住宅への侵入も増えている。長期滞在の場合は、銀行の貸金庫を利用すると良い。国内と比べて安く、米国では1万円程度で借りられる。一度侵入して現金を取られると、その後も何度も侵入を繰り返すため、早く引っ越す。契約がある場合はセキュリティシステムが買い取りであるため、数万円で取り付け、機械警備で対応する。米国の場合は通報が出ると警察が直接来る。

仲間との食事やコミュニケーションを大事にする

海外勤務の場合は、ストレスの処理が重要で、深夜の帰宅や深酒は避けるべきだろう。レストランではできる限り仲間同士で食事をとり、孤立することを避ける。健康的な生活を心がける。ただし帰宅は早くすることだ。

中南米では、帰宅時に襲われ殺害されるケースが発生。赴任期間も長くなると気の緩みが出て、日本と同じように安全と考え、行動が大胆になってくる。

緩んできたなと思ったら、自制する。また、セルフコントロールが効かなくなったら、帰国することだ。ストレスは限界を超えない程度に、バランスを考えて、メンタルな処理を申し出る。帰国することは自己管理の重要なポイントになるので、無理をして、限界を超えないようにするのが秘訣である。精神にストレスを無理にかけると、肉体も病気にかかる確率が高くなる。

【今は酒、オンナ、テロ、プラス 薬物】

90年代からの海外赴任での三大リスクは、酒、オンナ、テロである。それに最近は薬物が入る。できる限り同じ会社の社員同士のネットワークを持ち、長期間、孤独な生活を避ける。海外では国内と同じように買い物をしたり、日本語の本を読むなど息抜きになる行動があるかどうかが、自己管理の成否を決める。会社の人では友達になりにくい。現地ではある程度の年齢になってから、コミュニティに入り、知人や友人を作るのが大切になる。

一人暮らしになれていない人は、孤独な時間を作らないようにする。妄想を避ける。どんな時も対話し、食事をして、話を聞き合って助け合う精神がとても大事と感じる。時には現地の従業員から家で食事の招待を受けることもあるかもしれないが、喜んで交流をするとよい。現地の人々と社交ができるようになれば、赴任生活も面白く、近所づきあいがあれば、助け合うことも可能である。

現地に赴任したら会社という帰属だけでなく、土地のコミュニティに帰属することも大事である。ただしお金の件でいろいろ頼まれるようなこともあるかもしれない。そんなときは、会社員であり、日本に家族がいて費用も倍かかることを説明し勘弁してもらう。きちんと説明すれば、無理は言われない。

人として生活する苦しさや大変さはみな同じなので理解してもらえるはずである。裕福と見えるようなものは持ち歩かず、現地化した服装で歩いているとほとんど気にされないで過ごすことができる。それでも貧困な人がいる場合など、お金がなくて病院に行けない家族を助けることもある。海外で働くようになったら、国内ではやらないが、現地では先進国の給料をもらう人間として、現地の人を助ける必要に迫られることもあり、そういう経験をしている駐在員も多い。

【日本人の収益確保はなぜ緩いのか?】

収益獲得があまい原因はマーケティングの押さえが弱いことが挙げられる。モノ・商品をつくることには時間とエネルギーをたくさん費やすが、肝心の「売る」ことにまだ力の注ぎ方が足りていない。今後、日本の製造業を生き残らせるためにも、「売る」ことへも製造開発と同じくらい力を注いでもらいたい。

【安全を守る教え】

安全のためには、お金を使う。お金の力で、良い人々とつながる。お金の力で、良い場所を確保する。お金の力で、新しい土地では信用を築く。グローバル社会でのお金の使い方は、生きるための英知がたくさん隠されている。

Column 12 個人のサバイバル力を養う

STEP 8

何事もスピードアップを図る

海外の仕事では、常にスピードアップが求められる。

国内では仕事に対して時間制限が設けられ、コミットメント（確約）させられることはあまりないが、海外の仕事ではいつまでにすべて終えて報告を持ってくるようにと先に指示されることが多い。そのためにも仕事は自主的に計画を立て、必ず100%達成できるようにしておく習慣が必要になる。

自分は外国人だからとハンディを軽減されることはない。現地人と同じ扱いで管理されるため、表だけではなく、裏の努力がかなり必要になる。英語の資料を全部読み、現地の調査を行い、報告書を書くというようなことは日常的に行われる。また会議でも容赦なく質問され、担当範囲はすぐ答えられるように準備をしておかなくてはならない。

グローバルビジネス遂行には、土台として経営学の知識と、実践・経験が必要になる。

何人とも仕事ができるレベルに至るためには、求められる能力を一つひとつ到達させていく以外に方法はない。

仕事判断の正確さ、スピードアップを図ることができれば、日本企業はもっと収益アップが見込める。

第8章

不可欠な業界・職種・地域別能力を身につける

PROFESSIONAL KNOWLEDGE CAN SAVE YOU

1 習得しておきたいスキル《業界別能力》

〜ここでは3業界を紹介。共通するのは語学力と思考力。

オールドエコノミー（製造業）——とくにマーケティングに課題を残す

海外企業と日本企業を相対的に比べてみると、日本企業にはイノベーションを起こす企画力と実行に移す能力が欠けているように思う。それを克服するためには市場観察を行い、ニーズや指向などを読み解く分析が必要になる。

市場観察をするうえで一番練習しやすい場所は家電量販店である。一つの商品を決めて、全商品を観察し、そのなかでどれが一番すぐれた企画で売れるかを仮説想定する。かつて著者が手がけた製品に洗濯機があった。モデルは一種類を除いて全部同じ、値段も似たり寄ったりで、なぜ全部同じ機能とデザインなのに価格差が出るのかがわからないほど画一的であり、マーケティング的には企画不足の商品のオンパレードだった。

そのうち一種類だけ独自性があり、値段も高くつけられていた。機能もデザインも変わっていて差別化がされており、確かに納得性のある商品企画だった。

米国の洗濯機は、アジアの商品企画に影響を受け、もともとのドラム式に日本の洗濯機と同じようにセンサーがたくさんつけられており、時間と温度と仕上がりがコントロールできるようになっている。その精度がとても高くていつも驚く。同様にドライヤーもすぐれものである。中国メーカーのドラム式を使ってみたら、精度が指示通りに仕上がっておらず、現在は米国式の家電のほうがアジア式より安くグレードが上になっている。

【なぜ日本企業はグローバル市場で弱いのか】

世界市場とつながる力も日本は弱い。つながっているのは自動車業界くらいである。それでも欧米と比較すると遅れが目立つ。

なぜだろうか。一つは日本人の経営者の人見知りが激しいことが原因ではないかと感じている。海外の企業は経営者同士のトップ会談でいろいろ物事が決まることが多いが、日本はボトムアップで進行する。そのあたりのスピード感が足りないのが原因であると推測している。さらに重工業分野でもトップ営業が不足している。日本の場合は、国策や業界団体で海外に行くことがほとんどであるが、欧米のトップは一人でどんどん営業にも出ていく。ガバナンスのあり方、役員構成が異なることも日本のハンディなのかもしれない。
また日本はマーケティング力が弱く、製品企画ではいまだに技術開発ばかりを追いかけており、市場戦略が後手に回っているように思う。日本的なオールドエコノミーでは、市場の潜在ニーズをどんどん企画に取り入れていくアクションが極めて不足している。そこが欧米企業と商品企画で格差が出てくる要因ではないか。これからの時代は、製品企画を考える際は、同時に技術と市場も頭に入れておく必要がある。

ポイント

- **市場観察力**
- **世界とつながる力**
- **製造ばかりでなく、技術開発ばかりでなく、市場を作る力が必要。それは代理店制という古いモデルを意味しない**

ニューエコノミー（サービス）——「売れる時代」のノウハウとは早期に決別する

海外企業と相対的に比較すると国内のサービスは、いまだにマーケティング戦略がオーソドックスで、価値を上げて価格も上げるという新戦略が理解できていないように思われるし、それで収益が上げられるとも思っていないようだ。今でも価格が安ければ売れると考えられている節がある。

つまり、市場データなどを読んで分析してビジネスを行っていないことが多く、いまだに経験則でビジネスを行っているサービス業が多いように感じる。

一部のニューエコノミーはポスデータを使い、地域の人口動向や世帯収入属性などを細かく調べ、どんな消費行動を仕掛けたら売れる地域なのか、科学的に仮説検証をしているところもある。さらにどんな購入動機で消費行動が起きているのかなどを逆に分析し、商品企画に織り込んでいる。

【旧態依然の日本のセールス】

消費行動以前に、セールスのあり方も旧態依然としている。クライアントに提案するには論理的思考で理論軸を入れた分析から、結果として利得が読めるものでなくては意味がない。海外仕様の思考で提案書の枠を作り、分析軸を踏まえて実証を行い、確かな利得を伝えることができれば主旨が深く伝わり、成功することができる。また損益管理や財務管理がサービス業の場合は煩雑であるため、コスト計算や投資返済など綿密な計算をしたビジネスプランが求められる。

米国のサービス業は、まずマーケティングによって潜在顧客をはじき出す。一人あたりの客単価と一日あたりの来客数を月単位で計算し、どんなサービスをすれば、どのくらいの売上になるかをシミュレーションする。その読みは精度が高く、またSNSやオンラインショップとも連動させてシナジー効果を上げながら上手に収益を上げている。

日本ではまだ様々な取り組みが手つかずの状態にあり、どれもこれまでの手法の使い回しが多い。たとえ経営者が変わっても代わり映えのしない手法ばかりであり、それが大きな収益改善につながっていない原因かもしれない。

やはり経営の勉強やケーススタディの研究で、世界から取り残され、遅れているのではないか。雑誌でも取り上げているが、日本はリアクションが少なく、市場の刷新がほとんど見られない。

サービス業も、明らかに英語での情報が取り入れられていないし、世界の消費の成功事例もスタディされていないため、最近は東京の消費は遅れていると感じることが増えている。むしろ中国のほうが世界中に買い物に出かけ、あらゆるものを取り入れているので、消費には勢いがあり、景気が減速しても消費は落ちていないように感じる。その背景には多少の景気後退でもまだ消費できるレベルの経済力がついているからである。

ポイント

- 営業提案力
- 海外仕様の思考
- モデルの刷新

金融業界――激戦の業界で、日々の業務の勉強が不可欠

グローバルな金融業界では、従業員のほとんどが経営学修士（ＭＢＡ）である。また経済学修士、工学修士など専門分野の大学院履修者が専門職として活躍している。そのため、国内の金融業界から海外の金融業界に入ると、法人営業など共通部門では遜色がないが、それ以外の企画部門、投資専門、運用専門ではかなり専門性が高くなるので手に負えなくなる。

克服するには海外勤務の機会を得た場合はにわか学習でもよいので、経済学（とくにマクロ経済）、財務会計管理、海外税務、マーケティングなどは業務上知識として必要になるので、専門知識を仕込んでおくとよい。

専門性の高い事業分野がある業界での海外法人で勤務した場合、どんな問題が発生するかというと、まず専門知識がないと社内のプレゼン内容が理解できない。グラフひとつ見ても、縦軸と横軸の構成から、どんな分析効果を話しているのか、他の専門職メンバーと共通に理解することができないのである。

なぜ、その縦軸横軸の構成なのかということが質問できないことが多く、そんなことぐらいはわかって会議に参加してもらいたい。なぜなら海外ではわかっている人が会議に参加しているという前提のため、クレームが出るからである。

【専門書を買って事前に知識を頭に入れておく】

また海外の金融業界の法人営業の場合は、経営コンサルタントと同様の経営分析が業務サービスとなっている場合が多い。顧客に融資をする場合は、経営内容の分析をサービスとして行い、さらに企業価値を高めるためにはこのくらいの投資をし、何年で回収できるという見込みを説明し、顧客である企業にアドバイス提案するのも金融業界の仕事の一部になっている。

日本では、顧客である事業経営者から、経営投資案を説明し、金融機関に承認を得て融資をしてもらうのが一般的だが、経営コンサルティングもビジネスの一部として行っているところが多い。そのため海外の金融業界からは、投資会社経営、起業家、事業会社経営に転じる人材が多数いる。

業務内容やサービス内容が、より専門分野を含み、高度であるため、海外の業務で国内で担当したことのない分野がある場合は、できるだけ早く専門書を買って事前に知識を頭に入れておくなど事前準備があるとずいぶん現地勤務の助けとなるだろう。海外の勤務地によっては、現地の大学院でパートタイム学生として履修ができるコースもある。そこで経営学、金融学、財務会計学など専門コースに参加することも可能である。

いずれにしても、グローバルビジネスで取り扱う範囲が高度で広くなるため、日々の業務のための勉強はかかせない。

ポイント

ここでは2020~2025年までに、求められる能力とは何かを考えてみたい。イノベーティブな商品企画とはどうすれば生まれるのか？　必要なプロセスのポイントは以下の通りである。

・市場調査
・商品企画（技術企画、市場企画）
・フィージビリティ（技術、市場）
・市場開拓シナリオ（ターゲットクライアント、市場戦略）
・商品リリース（市場実践）

【海外での金融業界の仕事は最難関】

若いときからエリートは，プロとして経営の仕事や個人の財産運用をサポートする仕業をこなし、それぞれ専門分野を持っているのが特徴だ。

例えば、資本主義「米国」には「投資家」が多数いる。株式報告書を読み解き、市場課題を理解したうえで投資判断をする才覚があり、業界全体でレベルが高い。個人的にも若いときから年金投資の勉強をし、蓄えている。

2 習得しておきたいスキル《職種別能力（コア）》

～本書で紹介したスキルがあれば十分に戦える。

コストセンター（非収益部門、管理部門）――海外仕様の思考がとくに必要になる

グローバルな製造部門などに関わるコストセンターの仕事は、英語の読解力があると現場で力を発揮することができる。現場の仕事はアジアなど新興国で行うことが多いが、ネイティブレベルの英語でなくても十分通じることができる。

また人に伝達するためには海外仕様の思考ができていれば、言葉が多少不便でも仕事の意図は十分伝達することが可能である。現場理解のためには思考の伝達方法を磨くとより相互理解が深まるため、チーム仕事がうまく回るようになる。日常生活を含めて、中学英語の丸暗記で十分である。

むしろ製造現場が正しく回るような段取りが現地人の好みに合わせてできると、効率が

よくなり達成率はよくなる。そのため赴任先の文化の理解のために、語学や音楽など音に関わる研究をしたり、手作業の細かさなどを民芸品を見て判断するなど、専門的な知識と経験則を合わせて作業効率向上のためのアイデアなど草案がいろいろ浮かんでくるだろう。

ポイント

- 英語の読解
- 海外仕様の思考
- 現場理解のための英語力
- 中学英語の丸暗記

マーケティング職――統計等、数字に関するスキルが必須

ビッグデータの時代になり、日本にもマーケティングが重要なものとして入ってくるようになっているが、ここでもまた人々の勉強不足が否めない。日本の会社員の勉強不足で一番顕著なのが、統計学の理解である。統計処理がされているものを見てもレベルが低く、オーソドックスなものが多い。手法も分析も従来と変わらず、最新の市場効果や測定法などが実践されているケースがほとんどないように見受けられる。

他方、米国で受ける大手の市場調査などは感情調査もあり、実用的な深掘調査になって

おり、即回答を求めるものがほとんどである。またマーケティングの企画から報告まで、グローバルビジネスで必要なのは、仮説実証の立て方であり、その読みの精度と実証の確かさが、仕事の精度につながる。

マーケティングに関わるもので圧倒的に力不足なのは、多様な市場での統計処理の在り方だ。長年国内で行われてきたため、現地での分析の蓄積がない。それでいきなり市場にチャレンジするために失敗が増えてしまう。そこでいかなる土地に行っても、観察から仮説立てができる汎用な能力が必要になる。そして確かな分析ができる精度が求められる。

最後にもう一つ加えたいのが報告である。海外仕様の思考を踏まえて、仮説実証の仕方を考案し、理論で実証軸を作成し、結果を入れて、正しいことを証明していく。それを今度は英語に訳し、論理的に伝達ができるように報告書を仕上げていくことが望ましい。

とくに日本人の表現として、図チャートを用いた分析が少ない。ときには結果傾向を数式で示すことがあってもよいだろう。必要なポイントは以下の3つだ。

ポイント

・統計学の理解
・海外仕様の思考
・英語読解力

営業職――人間関係のスキルが不可欠なのは日本国内同様

グローバル営業で一番求められるものは、コミュニケーションスキルである。そのためには聞いたことを100%理解することができていないとスキルは生かせない。海外仕様の思考で論理的なシナリオを作り、そのシナリオに沿って顧客の利得を伝えていく。

営業を海外でやるためには語彙が豊富でないとできないし、表現の仕方も的確なものでないとうまくセールスはできないものだ。対人交渉であるため、グローバルビジネスでは一番気を使うし、能力が高くないと成功できない。また印象も大事になり、マナーやドレスコードは重要な要素となる。

アジアでは日本国内と同じにしておけば間違いはないが、特徴的なのは米国の西海岸でカジュアルな服装での営業が多いかと思いきやそうではなく、セールスにはセールスのドレスコードがあるのだ。

ポイント

- コミュニケーションスキル
- 海外仕様の思考
- 語学力
- マナー、ドレスコードの理解

開発設計職――チーム・プロジェクトの管理力が問われる

グローバルに開発設計を行うためには、専門英語の理解が必要となる。あとは論理的な思考に基づいたやり取りは国内と変わらない。ただし人のマネジメントにおいては、チームジョブになるため、高い対人能力とコミュニケーション力が必要になる。プロジェクトリーダーの力が大きい。ものの言い方や仕切り方、納得のさせ方、仕事の依頼の仕方、能力格差から仕事ができない場合の処理など、チーム仕事のノウハウやイロハで最初は苦労する。プロジェクトではPMBOKの理論はマスターし運用できることが一番の課題となる。

ポイント

・理系英語
・海外仕様の思考
・チームマネジメント
・プロジェクトリーダー力

経営者――人脈をふくめた、本当の総合力で勝負

海外勤務の場合、国内ではシニア管理職だが、海外法人で経営者になる人が多い。その

ためには財務会計が必要になり、ビジネスプランに対してどのようなお金の使い方をすれば投資リターンが高く見込めるかの計算が求められる。プレゼンテーション、スピーチも実証的にこなせなければならない。また、現地での商談交渉力も必要で、人脈を開拓する力が求められる。経営者の場合は、これらすべての力が求められるため、小手先では通用しない。

ポイント

- **財務会計**
- **投資**
- **プレゼンスピーチ**
- **商談交渉力**

【狭い経営能力を打破する】

著者は90年代から間近に経営者に接し、今は多国籍の、多くの事業者と仕事をしている。日本企業の経営役員層は総じて過去のキャリアが狭く育成されており、能力の幅が小さいと感じる。

多様な能力と経験が30代から培われてくると、グローバル経営を手がけても良好な結果を、経営会議で役員全員が感じる。

3 国・地域別での「求められる能力」を覚えておく

～必要なスキルは同じだが、その重要ウエイトが変わる。

各地域によって求められるポイントはつぎのようになる。

・会話力　・読解力　・交渉力　・海外仕様の思考　・会計管理財務

・専門分野の知識　・マネジメント力

アジア――各地域各様の幅は世界で一番の多様性

中国では、ビジネス上の戦略思考が発達しているので、まず基本構想と行動の流れについていくことがポイントになる。言語は英語と同じ文法配列なので単語を漢字で覚えていけば3か月程度で日常生活は可能となる。

東南アジアは初級英語でも個人の仕事遂行が可能で、衣食住の生活環境もなじみやすい。90年代当時から勤務する場所としては最適であるが、最近は米国ビジネス文化が企業内に深く浸透しており、日本式の経営は人気がなく、楽天のように失敗ケースも出ている。そのため現地のマネジメントは、米国式にして、日本人マネジメントがそのなかに溶け込み、成果主義で運用すると現地企業と変わりなく業務ができるようになる。

インドでは自身の英語は初級でも大丈夫だが、アクセントが強いので、聞き取りができるようになることを第一に頑張ると良い。また商談する場合は交渉の押しが強いので、利得がそれぞれに分かち合えるように話ができることが前提となる。そうでない場合は、ビジネスそのものが成立しない。

中東は、ビジネスモデルが特徴的で、人脈を通じて行うビジネスしかない。一般消費財のように店で陳列して売ってもらう場合でも人脈がないと商談もできないというほど地縁血縁社会である。初期にビジネスを立ち上げるためには、人脈の開拓が第一で、社会コミュニティに深く入り込んで行かないとなにもできない。

北米——市場の攻略が難しい

グローバルビジネスで最難関は北米市場である。経営学が早くからカリキュラム化され、修士課程が日常に入り込んでいるほど高度な知識を蓄え磨き上げられたビジネスパーソンが多数勤務をしている。米系大手企業の経営者やマネジメントは専門の勉強を積んだ人材がほとんどである。ビジネスでの職種別能力研鑽が広く行われ、時間内に収益を上げるための研究がなされ、理論、ケーススタディ、変化の推移が蓄積されている。

北米市場の特色は、最初に出されるビジネス企画が既に決め打ちの戦略になっていることである。その前段階は、既に調査リサーチされ、そのデータを踏まえて、戦略企画が起案されている。そのため時間短縮が図られ、1年間の年次事業計画で、市場の仕込みができるように準備され、中期3～5年計画で収益化され、本事業を安定的に黒字化できる見込みで企画されている。

また北米市場は、EU資本、アジア資本など多国籍資本が入り込んでいる市場であるため、人・モノ・サービス・カネのすべての経営資源が集積され、最先端のビジネスモデルが世界で一番早く出そろう場所でもある。最先端の市場に向き合うためには、高度先端技術の知識や開発が進んでいる企業群についての情報や、展示会などでの新商品サンプルでの体験などが欠かせない。

既存商品の販売では、あらゆる市場のチャンスが獲得できるように北米市場用に準備がされている。たとえば、機械製品の場合はプラットフォーム化され自由自在にアレンジできるようになっていたり、他の地域には見られない独自の進化が北米市場の仕様にはある。その背景として、グローバル競争が集約されている市場なのでコストがすべての決め手となっているため、フレキシブルに売れるように工夫がされている。

また市場の先読みをすることが難しく、米国企業をクライアントにしている場合は先行投資というものができない。なぜならすべては市場競争の原理で商売が成り立っているため、投資をしても回収の見込みが途中でゼロになる懸念が多数出てくる。

顕著な失敗事例がある。アップル社のスマートフォン向けの電子部品で、日本企業が多数部材の提供を行っているが、中国企業や韓国企業に価格差で負けることもあり、需要増を見込んで工場増設をしたが商売を打ち切られ、倒産している企業もある。製造業に関してはまったく将来が読めない。ビジネスで頼りになるものは直近の市場についての需要供給予想リストだけである。それ以外のもの、例えば契約が継続されるかどうかなど、まったくわからない世界で最高難易度の市場といえる。

ニューエコノミーなビジネスにおいては、ビジネス投資で集まる金額が世界最高であるため、あらゆる近未来なビジネスモデルが世界で一番最初に打ち立てられる。そのため、先端事業は、北米市場でどのくらい早く同様のビジネスモデルができるかによって、グローバル市場での優位性が変わってくる。日本企業の場合は、投資金額も人のリソースも限界があるので、的を絞っての展開のほうがうまくいく。

結論として、北米市場ではネイティブと互角の情報収集力と専門能力を兼ね備えた人材が多く、最先端の事業企画へのチャレンジや、成熟事業での突破を図るビジネス企画の検証などが最適という特色を持つ。北米市場でビジネス展開をするためには、事前に入念な準備をして、市場にチャレンジできる体制にしておくことが求められる。

ＥＵ――相互理解が大切

他方、ＥＵ市場は、製造業の場合、日本のやり方や進め方と似ている部分があるため、北米より取り組みやすい。法体系の仕組みが同じなので、提携やアライアンスで業務をするとやりやすい。

ただし、ドイツの場合は分野毎に専門性で突出しているケースが多いため、どのくらいのアドバンテージを持っているのかを最初に確認しておくと失敗が少ない。

語学も中の上くらいの英語ができれば問題なく、専門分野の知識も国内程度で問題ない。ただし営業やマーケティングはアメリカ式で同じくらいレベルが高いので、これらのプロフィットセンターの業務に就く場合は、各種理論の勉強やケースの学習をしておくとよい。どちらかというとマネジメントなど人の問題が多くなるので、海外仕様の思考で対話し、意思疎通がきちんと図れるようにしておくことだ。労働法の違いの理解は役に立つ。

とくに打合せでは、彼らの思考枠に沿って対話が進められないと、日本側の意図は理解されない。考えが通じない、理解されないことが多いので注意する。十分に相互理解ができないと、ダイバーシティのマインドが移民国アメリカほど醸成されていないため、ビジネス上の考え方に亀裂が入りやすくなるので細心の注意を払うべきだろう。

それ以外の一般地域――英語力に加えて「紹介」があれば安心して仕事ができる

中南米は、北米文化を引き継いでいるが、詐欺もたくさんある。コンサルタント、会計士、弁護士など専門職とつながりながら、ビジネス開拓を行っておくと良いだろう。そのほうが効率よく確かに市場でビジネスを展開できる。言語はスペイン語で5W1Hをマスターしておけば、生活はできる。ビジネスパーソンは英語が話せるので仕事はできる。

ロシアも、〝一見《いちげん》さん〟としてのビジネスでは不安があるので、商工会議所のようなコミュニティを活用する。そこでメンバーシップの会社を紹介してもらうと展開が早い。行政の貿易セクションなどにコンタクトすると、企業情報がある。ロシア語で5W1Hをマスターしておけば、生活はできる。音韻変化が少なく英語に近いので覚えやすい。ビジネスパーソンは英語が話せるので、仕事は問題がない。IT企業などは世界中とビジネスをしている。

アフリカは、大学関係者や欧米系企業勤務者、欧米系経営コンサルタント勤務者など、地域の高学歴者からアドバイスをもらい、ビジネス展開をするほうが、確かな人脈や企業情報などを収集することができる。大西洋岸から南アフリカ、太平洋にかけての諸国は経済的にも豊かでビジネス展開がしやすい。中央アフリカはまだテロやウイルスなどのため、安全も確かでないため、進出は加速できない。役人は賄賂で有名なので注意したほうがよいだろう。

【海外で人をつかってうまくいくコツ】

外国の人材（外国人）とプロジェクトで仕事をする際には必ず現地の人材の能力レベルを知っておくことが重要である。海外の人材は同じ職種でもバラツキが多く、標準の能力が日本人と比べて、広がっているために推し測ることが難しい。そのため、基準となる能力の真ん中を決めて、各人の上か下かを想定してから仕事を頼むとリスクが少なくなる。

よくある例が、日本国内と同様に新卒の一括採用である。

採用後、教育して一人前にしようとしても、海外では途中で多くの人材が辞めてしまう。

そこで、最初から個々人の「能力」レベルを測り、到達するまで課題をあたえ、自己学習させる。テストにより能力基準に達したところで本職採用として配置するようにするのだ。

海外の現場では、最初に「仕事の設計図」を書く。その内容を100％遂行できるか否かで採用を行う。応募する側もできなければ応募してこないし、辞退する。

Column 13 個人のサバイバル力を養う

STEP 9

イノベーションを興す

先進国の仕事においては常に市場の変化が激しいため、現地の市場動向をリアルタイムで押さえておかなければならない。その内容を日本の本社に報告し、即対策が取れるように、市場状況の分析、戦略、リソースの仕込み、現地での対策アクションを取る体制を準備しておかないといけない。海外市場では時間内で確実に行う時は、プロの専門職を雇い、プロジェクト遂行が完璧に行えるように段取りをすることが求められる。

日本企業の場合は、外部のプロの専門職を使う習慣がないため、海外の競合他社に後れを取ることが多い。またそのための投資という概念も少なく、何でも自社の力だけでやろうとする。

そういう考えは捨て、「お金を使って会社を買う」「お金を使って時間を買う」「お金を使って市場を買う」という合理的な考え方をするように心がけるようにしたい。

イノベーションとは単に技術開発だけを意味しない。ビジネス開発の際にも有効な考え方なのである。ビジネス戦略モデルが他国の競合企業と比べ刷新されておらず、とくに最近ではその古さが「ガラパゴス・ジャパン」として現地で話題になるほどだ。早く改めよう。

のグローバルチャレンジ

自らを売り出すビジネスパーソンであり、ピンで自らを売る職業人として精神的な面や表現する点で多くの内面的な刺激をもらうことができる。

「生涯は一度きり」という生き方も日本のサラリーマンには乏しく、著者はどちらかというと身一本で生きている、売り続ける役者魂と、表現する頑固なパワーとをあわせ持つプロ職にたくさんのエネルギーをもらい、必死の思いでグローバルビジネスを営んでいる。

「自分の国もいいけど、外国は一味違っていて、なお魅力的でいい」のである。

　エンターテインメントで成功する人々の生き方から、多くを学ぶことができる。海外でのビジネスは費用がかさみ、収益が大きくない。それでも、身の丈でグローバル市場を開拓しようと思うのは「大好き」という気持ち以外にはない。人生に目標がある限り、強固で、くじけない「自分づくり」が柱となる。

　何か一途に突き進むパッションや死ぬまでやってやろうという切迫する思いがないと、何十年もよその国を渡り歩きながら、ビジネスというお金儲けの活動は継続できないのである。

　I am still Going My Way.

Column 14 グローバル市場で成功するアクション①

芸能界に学ぶ、セルフ・プロプライエター

セルフ・プロプライエターとは早い話、個人事業主のことである。

著者が 10 代の頃、人生に大きな転機をもたらしたのは、ハリウッド映画や芸能界の人々である。キャリアウーマンとして生きようと動機づけを行ったのは 10 代に観た「結婚しない女」、19 歳からバッグパッカーとして世界旅行を始めたきっかけも「レイダース / 失われたアーク《聖櫃》」。

それらすべての経験がグローバルビジネスで生きることを後押しすることになった。

現在は 3 度目の海外勤務をしているが、どうしようか悩んでいた時「よしやろう！」と思ったきっかけは「桃井かおり」の 50 歳過ぎてからのアメリカ移住だった。

そして実際、海外に事務所を登記し仕事を始めたはいいが、その後、深く煮詰まり、ニューヨークに夜行便で観に行ったのが「渡辺謙」のブロードウエイミュージカル。心底、日本人として彼の異国でのチャレンジと、その裏にある努力と苦労に深く共感し、自らもその感動の勢いに乗り、奮起することができた。

他人とは大きく異なる人生観を示すことにも躊躇しなくなった。

やはり役者という表現者や脚本家、演出家も、全員

キャリアモデル

たとすると、「確かに申し訳ありません。それは自分の仕事なんですが先週からフォローしています。が、自分の手の届かないところでどうにもならないんです。返金のフォローアップは私の仕事で、遅延は私の過失です。来週も引き続きフォローしますので、連絡は必ず入れます」。

こんな感じの回答が上手にスムーズにできる。

そのフレキシブルな回答内容は、必ずと言っていいほど万人にとって常識的で揺らがない“いいね”という価値を示しているため、相手から即座に同意され信用されるのである。起業家という人々は才覚のある頂点の存在とすると、そのすそ野を支える大多数の一般勤務者のコミュニケーション力の土台も、とても高くて上手だと感じる。

新卒で既にスキルの高い人材が多い。30代でマネジメントに携わるようになると、専門能力を仕込んでいるため、早く実践経験を積むことができる。さらに経営者になるための勉強法も40代から行い、機会獲得もできる。そのため50代の経営者が多くなる。

日本では40代で士気低下するなど、真逆な効果になるのは、組織運用が不適切だからではないだろうか。これからは、もっと個人の能力とスキルを活かせる方法を考えたらよいと感じる。

Column 15 グローバル市場で成功するアクション②

成功するアメリカビジネスでの

米国にはイノベーティブな企業が生まれている。代表格はSPACEXで、長く独占であった宇宙飛行機器の市場に風穴を開けた。事業資金は投資資金とこれまで稼いだ事業者のポケットマネーである。オールドエコノミーも生き残ってはいるが、ニューエコノミー的なサービスがどんどん出てくる。

昨今、ビジネスでの成長パワーが突出しているニューエコノミーだが、そのたぐいまれな専門性の高い頭脳はいうまでもないが、やはり新しい思考を伝える力、コミュニケーション力が卓越している。

とくに株主や投資家を集客するための、経営専門的な知識と同時に対話力、その話術のセンスが磨かれていないと数十億円、数百億円の費用は集められない。市場での価値はどうすると強く創出できるかという点は、あまたの起業がある中で、選りすぐりな内容でないと価値があるとは認められない。

そのくらい、米国ではたくさんニュービジネスは転がっている。

なにせ、アメリカでは普通の会社に勤務している20代のカスタマーサービスでも話術がとても巧みで、様々な角度からの質問には堂々と回答することができる。例えば、敷金返金のチェックが遅延続きでクレームを出し

本書のまとめ

海外で成功する実践「7カ条」

海外勤務を目指している日本人がグローバルビジネス力をつけるためにはどうすればよいのか。そのポイントについて説明してきた。若い時からの基礎的学習と意欲をもってチャレンジしていけば40代以降に花開くことも繰り返し述べてきた。海外では科学的な仕込みに裏付けられないビジネスの成功はあり得ない。本書は海外勤務で成功するための指南書として、著者のこれまでの長年の経験で得られた知見を余すところなく説明してきたつもりである。海外で成功する実践「7カ条」として、改めてまとめてみたい。

第1条　海外仕様の思考枠を体得する

海外勤務の機会の掴み方から始まり、そして攻略を練る。そのためには経営学を学ぶことが近道である。そして以下のことを繰り返し述べてきたが、改めて要点を紹介したい。

グローバル市場で一から仕事の掘り起こしをするため、観察、分析、仮説、企画案の作成を行い、それらの企画書を踏まえて、実践として行動を起こす。海外にてビジネス目的でコミュニケーションをスムーズに伝達するためには、海外仕様の思考の在り方を学び、その思考枠に沿って論理的なシナリオ展開ができると、語学のハンディをカバーし、100%自分の意図を相手に伝えることができるようになる。グローバル市場のビジネスで通用するためにはそれらの準備ができていることが選定の基準であると理解する必要がある。

海外仕様の思考枠がきちんと組み上げられるようになったら、即戦力としてどのような仕込みがあればよいかが次の課題になる。シナリオではビジネスの目的に応じて証明の仕方が異なる。今ある事例や過去の成功例を踏まえて、企画が有効であることを証明するためには、帰納法を利用する。他方、新商品企画など、今ないものを企画し、その企画が有用であることを証明するためには演繹法を利用する。その思考枠の使い分けと実践実証法がわかるようになったら、ようやく語学を磨くのである。

第2条　現地語で「5W1H」を習得する

語学は英語なら10代から社会人になってもずっと読解を毎日行い、メディアや映画を見て語彙力とそのトーンを学ぶことで徐々にネイティブと同じように語彙の使い分けができるようになる。日本語と同じように、自分の心情を表現できるようになると、とても安心して言葉が話せるようになる。また聞き取りもネイティブと同じようにできれば、ビジネスでの信頼は揺らぐことがなくなる。英語はほとんどの地域で通用するので、一番に磨くと良いだろう。中国語も文法構成が同じであるため、同様にやれば決まった期間での上達が可能である。

昨今のグローバル市場のターゲットは新興国であることが多いため、現地語での5W1Hを覚えておくと、ほとんどの土地で「死なない程度に生きていくこと」ができる。どんな土地に行っても、旅行者と同じレベルで、食べて、移動ができて、宿泊できればよいのである。

第3条 「郷に入れば郷に従え」の生活を送る

それから現地で仕事をし、だんだんと慣れて、「郷に入れば郷に従え」の生活を営む。生活が始まると住めば都になり、どこの地域で仕事をしても同じ事を感じるようになれる。

あなたが海外法人のポジションを獲得し、現地の従業員と共に働きマネジメントをするようになったら、今度は自分をマネジメントらしく仕込まなくてはならない。どんなことがあっても善悪の軸ブレがしないこと、口が堅いこと、流れに沿って身を任せて適応していくこと、また伝達力を100%近くにすること、最後にみんなチームで仕事をして成果を上げられることがゴールとなる。実行するためには個人としてビジネスに関わる様々な能力が求められようになる。

第４条　明確なビジョンと計画を持つ

海外では「個人力」を持つこと。基本的に自分のスタイルが必要になる。グローバルに活動するために必要なことは明確なビジョンを持つことだ。

いつまでにどんなことを最終ゴールとしてやりたいのかを目的意識として明確にしなければ、「なりたい自分」にはなかなか到達できない。途中で息切れもするし、そのまま終わってしまうこともある。海外で成功するためには自分を常に奮い立たせる、牽引するパワーを自ら出せることが前提条件となる。

自分の行動がなかなか結果に結び付けられないと、人に飲み込まれ、自分の存在価値を見失ってしまう。市場競争の中でうまくいかないと人をネガティブに評価しがちであるが、どんな時でも人は人と割り切り、自分の道を究められる強さが必要である。そのためには人を愛し、人が好きであることを前提にして、人のネットワークを広げ、何かオファーが得られそうな場合は人脈を駆使し機会獲得を狙うことである。

グローバルに働いていているといろいろな姿かたちをした人々と初対面で会い、対話をすることになる。外見で人を判断するのではなく、相手の思考で判断をするようにすると、どんな人でも本人の意図を推測することができるようになる。とくにビジネスはお金儲けを目的としているため、その方向がぶれたり、失敗をしないように段取りをしなければならないし、100％双方の意図がかみ合わないとトラブルを引き起こす元になる。そのためにもビジネスの企画は双方での摺合せが十分に必要になる。

第5条　偏見を持たない。良好な信頼関係を築く

グローバルビジネス遂行のためには、業界と職種で求められる能力が変わってくるものだ。経営者になるためには、オールラウンドで経営学の知識が必要になり、さらにはいくつかの専門分野の知識も必要である。

とくに経営者として成功するためには、会社のエースというブランドだけでは不十分であり、市場価値を上げる力が必要なことは言うまでもない。そのためにはどうすればよいのか、事業戦略を企画し、実行できることがグローバル市場の成果として求められる。

その流れに沿って順調に進んでいても、ときとしてリスクマネジメントが十分でないと足をすくわれることもある。

職場の組織では、現地従業員のマネジメントができること、また良好な信頼関係を築けるような対話が求められる。互いに理解し合い、いい仕事ができる環境が何より重要である。個人としては現地での自己管理を行い、とくに孤独との向き合い方、ストレスの解消の仕方を学び、決してブレることのない自分の軸を確立することである。

グローバルビジネスでは、人のトラブル、お金のトラブルが発生しないように、人の判断と理解が重要になる。そのためダイバーシティの定義とその教えに基づいて、できる限り、出会う人には偏見を持たないように接するようにする。

偏見を持っていると成功できる仕事もできないようになるなど、対人関係でも阻害要因を生み出す。どんな人とも対等に話をし、ビジネスが行えるようにできなければいい仕事はできないし、結果も出すことができないということを認識してほしい。

第6条　やると決めたら絶対にやり抜く気力と能力を持て

ビジネスを段取りする際には、誰がプロジェクトのオーナーで、マネーの仕切りをやっているかを明確にし、そのオーナーがリーダーとして、プロジェクトで成果を上げていかなければならない。外国人同士で互いに尊敬し合う意識の少ないパートナーには、プロジェクトも顧客も持っていかれることもあるので、マネーの流れは渡さないように、イニシアティブはがっちりと握っておくことも忘れてはならない。

グローバルビジネスにおいては、自分自身がすべてである。自分が弱くなったり、実績を上げられなくなったら、それで終わりと考えたほうがよい。自分の野望はそこで打ち砕かれてしまう。そうならないように、常に次のビジネスの企画をし、イノベーティブなやり方を実践し、どんどん新しいビジネスモデルを打ち出して収益確保を図っていかなければば生き残れない。

海外の人を、外国人としての自分が牽引していくのは並大抵のことでない。信頼を積み上げ、頭脳を駆使し、先読みしながら収益を上げていく。それ以外に自分を証明する道はない。

国内のビジネスとの一番大きな違いは、競争する相手が山ほどいることだ。しかも市場戦略もたくさんある。激しい競争の中で、自分が生きていくためには、最終的には自分が強くなること以外には何もない。どんな競争にも負けてはならないし、やると決めたら絶対にやり抜く気力と能力が必要だ。その環境でビジネスを行うため、人のことなど気にしている暇も時間もないかもしれない。

すべては自分と向き合い、人と競争し、これと決めた道に進んでいくパワーが求められる。道を切り開けなくなったら、そこで企画は終わる。そうならないように、常に自己の内面をパワーで満たし、考えに考え抜いた企画の精度を上げ、勝てるようにすることが大事なのである。

第7条 収益確保は3年以内と心得ること

世界との闘いには、日本人だけでなく、世界のあらゆる人々がチャレンジをしてくる。競合他社の戦略を読み解きながら、どう戦いをすすめると勝てるのかを考え、現地で実行に移すためには準備が必要だ。ビジネスプランにはリソース（資源）の試算、行動計画、時間軸での推移、市場企画の有効性の判断が事前にすべて組まれていなくてはならない。

世界各地でのビジネスの実践経験を通じて、どんなベストシナリオがそれぞれの地域で必要なのかを考え、最適な戦略を描き、成功に導くこと。新しいビジネスを立ち上げ、収益を確保するのは3年以内、あるいは中期経営計画上でやり切らなければ損失につながる。

成果主義の下ではその企画の精度を上げて、実行プロセスを整理し、収益の読みも合わせて練り上げる必要がある。

グローバルビジネスに長年携わると、企画を綿密に組み、収益を確実につかむ方向がわかるようになる。あとは勝てるシナリオにどれだけついてくる人材がいるかが決断のしどころになる。

限りある資源のなかで、全部の企画ができるわけではない。一番大きな収益をつかんでいくためにはどんな企画を優先し、投資をしていったらよいか、そのシナリオが成否を決めるのである。その確認をするために調査を行い、企画の精度を上げて、失敗のリスクを減らしていく。グローバルビジネスは年単位での掘り起こしが最短となるため、入念な段取りを決して怠ってはならない。損失が大きいだけに、スベラナイで満足できる仕事ができたら、グローバルビジネスとしては理想的である。

おわりに

著者のグローバルビジネス生活は30余年になる。その間に個人的に培ってきた経験や知識、そして今、日本企業が直面する危機的な市場状況を踏まえて筆を執ることにした。その根底にあるのは、今後海外勤務を目指す人が増えてほしいこと、そして海外で自己実現を図ることを応援したいという心からの願いがある。

著者の経験した知見について海外勤務を目指す人に役立つ「集大成」としてまとめる決意をしたしだいである。

グローバル市場では、既存のビジネスモデルがどんどん崩されている。今後、日本企業はどんな生き延び方をしていくとよいのだろうか？

90年代グローバル展開を行った一期生の経営者が書き残している数々の問題点は一言で言えば、能力の不足だった。じつは２０１６年の今を見ても、同じ問題を抱え続けていると思っている。

収益性を向上させるには、時間軸を踏まえた思考の転換と刷新、能力研鑽あるのみだ。

本書を参考に、自分の能力を磨き、グローバルビジネスの第一線で活躍することを心から切望している。

★自分らしい＝スタイル、どんな時も自分への励ましとやり切る勇気。

★グローバルビジネスは、パーフェクトジョブ！

★そしてどんな時もリスクフリーに。

★自分のすべてを出し切るくらいの、エネルギーとパワーが必要。
そのために自分を常に磨き、前進していかなければ、
いい仕事はやりこなせない。

★また、最大限の収益もあげられない。

★だから、常に裏の努力がたくさん必要。

★夢と野望に向かって、ベストを尽くして、
グローバルビジネスを成功させていこう。

著者紹介

白藤　香（しらふじ・かおり）

SPC コンサルティング株式会社（SPCC TOKYO）& USA ラボ所長
グローバルビジネスコンサルタント（新市場、新事業開拓、多国籍人事）

学習院大学大学院経済学研究科博士課程後期単位取得満期退学。日・欧・米上場企業に勤務し、日本・北米・台湾でマネジメントを経験後、2001 年独立。日本の大手上場企業と直接契約し、海外市場における新事業戦略を企画遂行、継続遂行するためのグローバル人事組織立案に携わる。日本では機械、自動車、食品、化学など、これまで 14 業界を手掛ける。
ダイバーシティな適合力に優れ、2011 年秋より米国市場開拓を開始。2013 年 1 月から米国で事業登記、日本・米国 2 拠点でグローバル市場展開。
40 カ国との独自のネットワークをもち、「人対人」の関係を重視したビジネススタイルを尊重、本書にてその現場哲学を自身の経験をもとに披露している。また毎年、日本企業の海外活動の中から共通の問題課題について原因を分析、最新のソリューション提案を行う。
著書に『海外勤務を命じられたら読む本』（KADOKAWA）、『さあ、海外で働こう！』『90日間で世界のどこでも働ける人になる！』（ともに総合法令出版）。

海外勤務《かいがいきんむ》が決《き》まったらすぐ読《よ》む本《ほん》　〈検印省略〉

2016年　9　月　16　日　第　1　刷発行

著　者――白藤　香（しらふじ・かおり）
発行者――佐藤　和夫

発行所――株式会社あさ出版
〒171-0022　東京都豊島区南池袋 2-9-9 第一池袋ホワイトビル 6F
電　話　03（3983）3225（販売）
　　　　03（3983）3227（編集）
F A X　03（3983）3226
U R L　http://www.asa21.com/
E-mail　info@asa21.com
振　替　00160-1-720619

印刷・製本　美研プリンティング（株）

facebook　http://www.facebook.com/asapublishing
twitter　http://twitter.com/asapublishing

ISBN978-4-86063-909-9 C2034